멘토와 함께하는
신앙생활의
첫걸음

안진섭 지음

목 차

이 교재로 새가족을 양육하는 인도자들에게 　*　6

제1장 구원의 길(1) 　*　10

제2장 구원의 길(2) 　*　24

제3장 성경 　*　40

제4장 기도 　*　56

제5장 교회생활 　*　74

이 책으로 양육받은 분들에게 드리는 글 　*　92

이 교재로 새가족을 양육하는 인도자들에게

　이 교재는 신앙생활을 처음 시작하는 새신자들을 위하여 만들어졌습니다. 오랫동안 새신자들을 양육하면서 처음 신앙생활을 시작하는 분들에게 꼭 필요한 내용이 무엇일까를 고민하였습니다. 처음에는 많은 내용을 가르치고 싶은 욕심 때문에 새신자들에게 10주 과정으로 가르치기도 하였습니다. 그 후 양육결과를 분석하면서 처음부터 너무 많은 내용을 가르치는 것보다는 꼭 필요한 내용만 엄선하여 가르치는 것이 더 좋다는 사실을 깨닫게 되었습니다. 그래서 이 교재는 5주 동안에 꼭 필요한 것만 가르칠 수 있도록 구성하였습니다. 1장과 2장은 구원의 문제를 자세하게 다루었습니다. 아직 하나님의 존재를 인정하지 않는 수준의 구도자부터 이미 예수님을 영접한 분까지 다양한 단계에 있는 새신자들이 구원문제를 잘 정립할 수 있도록 하였습니다. 3장과 4장은 신앙생활에 꼭 필요한 성경과 기도를 다루었습니다. 마지막 5장은 교회생활이라는 이름으로 교회의 다섯 가지 기능(예배, 교육, 교제, 봉사, 선교)을 다루었습니다. 이 교재로 5주 동안 가르친 후에 마지막 주에는 교회소개 시간을 갖는다면 더욱 유익할 것입니다.

　이 교재는 일대일 멘토링 방식으로 양육하도록 의도되었습니다. 각 과에는 질문과 함께 설명이 기록되어 있습니다. 그러므로 멘토는 새신자들에게 잘 안내하여 미리 공부할 내용을 예습해 오도록 해야 합니다. 그리고 함께 만났을 때는 미리 공부한 것을 다시 한 번 정리해 주고, 복습문제를 중심으로 대화식으로 공부하면 됩니다. 오랫동안 교회와 신학교에서 가르치면서 아주 중요한 사실을 깨닫게 되었습니다. 그것은 바로 공부는 결국 자기 스스로 해야 한다는 것입니다.

저는 이 교재를 사용하여 강의식으로 가르쳐 본 적도 있고, 소그룹 토의식으로 가르쳐 본 적도 있습니다. 그런데 일대일 멘토링 방식처럼 높은 효과를 거둔 방식은 없었습니다. 그 이유는 단순합니다. 일대일 멘토링 방식은 멘티가 집에서 미리 공부해 온 것을 복습하며 멘토와 구체적으로 삶을 나누는 방식이기 때문입니다.

제가 섬기는 교회에서 멘토링 방식으로 전환한 후, 새신자 정착율이 거의 100퍼센트에 육박하게 되었습니다. 그러므로 멘토들은 반드시 이 내용을 숙지한 후, 새신자들에게 집에서 잘 공부해 오도록 권면해야 합니다. 모임 시에는 새신자가 충분히 이해했는지 미리 확인하면서 차근차근 진도를 나가야 합니다.

각 단계를 충분히 소화하지 못했다고 여겨지면 같은 내용을 한 번 더 반복하는 것도 필요합니다. 만약 새신자가 전혀 공부하지 않고 왔다면 다음 주에 다시 하자고 말하고 미루는 것이 좋습니다. 대체로 본인 스스로 공부한 것만이 머리를 넘어 가슴에 남기 때문입니다.

제가 이런 교재를 집필한 이유는 오랫동안 교회를 다녀도 믿음이 자라지 않는 분들에 대한 안타까움 때문이었습니다. 그런 경우 대부분의 문제는 신앙의 출발이 잘 못 되었기 때문이었습니다. 처음 신앙생활을 시작할 때, 구원과 성경, 기도, 교회생활 등 신앙생활에 가장 필요한 내용들을 일대일로 가르치면 신앙의 기초가 잘 잡히게 됩니다. 그런 사람들은 신앙이 착실히 성장합니다. 굳이 일대일 멘토링 방식으로 양육하라고 권하는 이유는 한 사람도 낙오되지 않도록 하기 위해서입니다. 강의나 소그룹으로 하면 뒤처지는 사람이 반드시 나옵니다. 주님께서는 한 영혼이 천하보다 귀하다고 하셨습니다. 일대일 멘토링 방식의 양육은 바로 그 주님의 말씀에 적합한 방식입니다. 부디 이 교재를 사용하는 동역자들에게 성령의 역사로 말미암은 말씀의 소통이 일어나기를 기원합니다. 한 영혼이 그리스도 안에서 세워지는 것을 보는 것은 양육자의 가장 큰 기쁨입니다. 여러분 모두에게 그런 기쁨이 충만하기를 소망합니다.

주 안에서, **안진섭** 목사 드림

✽멘토가 지켜야 할 사항✽

1. 멘토는 성령님께서 멘티를 지도해 주시도록 멘티를 위해 매일 간절히 기도한다.
2. 멘토는 자신이 먼저 교재의 내용을 충분히 숙지하고 복습문제에 직접 답을 달아놓는다.
3. 첫 주에 오리엔테이션을 할 때 멘티에게 매주 내용을 읽고 복습문제를 풀어오도록 안내한다.
4. 멘토의 역할은 일방적인 가르침이 아니라 멘티가 스스로 공부한 것을 점검하고 도와주는 것임을 명심한다.
5. 멘티가 공부해 오지 않았을 경우에는 공부를 한 주 미루어서 반드시 멘토가 공부하도록 안내한다.

✽멘티가 지켜야 할 사항✽

1. 자신을 가르치는 멘토를 위해 매주 기도한다.
2. 멘토를 신뢰하는 마음으로 멘토의 안내를 잘 따른다.
3. 매주 주어진 분량을 읽고 복습문제에 답을 단다.
4. 약속시간을 지키지 못할 상황이 되면 반드시 멘토에게 미리 연락한다.

제1장 구원의 길(1)

여는 말

　예수님을 믿는 사람들은 자꾸 주변 사람들에게 예수님을 믿어야 한다고 전도합니다. 그렇다면 도대체 왜 우리는 예수님을 믿어야 할까요? 이제 그 이유를 생각해 보겠습니다.

　이 세상에는 법칙이란 것이 있습니다. 법칙은 모든 사람에게 동일하게 적용됩니다. 어떤 사람이 그 법칙을 인정하느냐의 여부에 관계없이 법칙은 모든 사람에게 동일하게 적용됩니다. 그러므로 법칙을 바르게 이해하는 것은 우리 삶에 대단히 중요한 문제입니다. 예를 들어 어떤 사람이 아파트 20층에 올라가서 뛰어내리면서 "나는 만유인력의 법칙을 믿지 않는다."라고 주장하여도 그 사람의 믿음과 관계없이 그는 바닥으로 떨어질 수밖에 없습니다. 그렇기 때문에 우리는 우리 삶을 지배하는 여러 법칙들을 정확하게 이해할 필요가 있습니다. 이제 죽음의 법칙에 대해서 생각해 보십시오. "이 땅에 태어난 사람은 누구나 한 번 죽는다."이 법칙을 어떻게 생각하십니까? 이 법칙을 부정할 수 있는 분이 계십니까? 아마 아무도 없을 것입니다. 왜냐하면 죽음이야말로 하나님이 정하신 법칙 중의 법칙이기 때문입니다. 그렇다면 이 법칙에 따라서 당신도 죽습니다. 틀린 말입니까? 아니죠?

만일 죽음이 분명한 법칙이라면 언젠가 우리에게도 닥쳐올 것이 분명한데 당신은 그 죽음을 위해서 무엇을 준비하고 계십니까?

혹시 자동차 보험에 가입하셨습니까? 운전하면서 매일 사고를 내십니까? 그렇지 않을 것입니다. 그렇다면 한 달에 한 번 사고를 내십니까? 아마 그런 사람도 거의 없을 것입니다. 그렇다면 1년에 한 번 사고를 내십니까? 그런 사람도 있겠지만 그렇지 않은 분들이 더 많을 것입니다. 사실 사고를 거의 안내는 사람도 많습니다. 그럼에도 불구하고 우리는 보험에 가입합니다. 왜 가입합니까? 언제 사고가 날지 모르기 때문입니다. 우리는 혹시라도 사고가 날 것에 대비해서 보험에 가입합니다.

그렇다면 잘 생각해 보십시오. 사고가 날지 안날지도 모르는데 혹시 사고가 날 것을 대비해서 보험에 가입한다면, 죽음은 확률 100퍼센트인데 그런 죽음을 위해서 무엇을 준비하고 계십니까? 이상한 일 아닙니까? 확률이 거의 없거나 아주 낮은 일을 위해서도 많은 준비를 하는 사람이 확률 100퍼센트인 일을 위해서는 아무것도 준비하지 않고 있습니다. 그래서 이 땅의 많은 사람들이 어느 날 갑자기 찾아온 죽음 앞에서 당황합니다. 아무것도 준비하지 않았기 때문입니다.

그렇다면 죽음을 위해서 무엇을 준비해야 할까요?

죽음을 준비한다는 것은 정확히 말하면 죽음 이후의 일을 준비하는 것입니다. 왜냐하면 준비란 모름지기 앞으로 일어날 것에 대한 대비이기 때문입니다. 그러므로 죽음을 준비한다는 것은 결국 죽음 이후의 일을 준비하는 것입니다. 또한 여야 합니다.

그렇다면 우리는 구체적으로 무엇을 준비해야 할까요? 우리가 믿어야 하는 이유가 우리 영혼을 위한 준비라면 우리는 이제 그 영혼의 구원이 무엇이며, 왜 우리가 구원을 얻어야 하는가에 대해 생각해 보아야 합니다.

구원이란 무엇일까요? 구원이란 말은 기본적으로 스스로 해결할 수 없는 어떤 상태로부터 건짐받는 것을 가리킵니다. 예를 들면 수영을 못하는 사람이 물에 빠졌다가 구조대원을 통해서 건짐받으면 그 사람은 구원을 얻은 것입니다. 또한 부도위기에 몰린 사업가가 돈 많은 사람으로부터 무이자로 돈을 대출받아 부도위기에서 벗어났다면 그 사업가는 재정적 위기에서 건짐받은 것입니다. 구원이란 이와같이 기본적으로 스스로 해결할 수 없는 어떤 어려움에 빠진 것을 전제합니다.

그렇다면 인간은 어떤 어려움에 빠져 있습니까? 다음의 성경구절들을 보고 인간이 어떤 어려움 가운데 있는지 생각해 보십시오.

로마서 3:23 모든 사람이 죄를 범하였으매 하나님의 영광에 이르지 못하더니

인간은 다음과 같은 어려움에 봉착해 있습니다. 먼저 모든 사람은 죄인입니다. 인간은 죄를 지었습니다. 죄를 지었기 때문에 죄인이지만, 동시에 인간은 죄인이기 때문에 죄를 지은 것입니다. 다시 말해서 사람에게는 근본적인 죄성이 있습니다. 그것은 마치 감기 바이러스와 감기의 제증상의 관계 같은 것입니다. 감기 바이러스가 침투하면 사람은 감기의 증상을 나타냅니다. 마찬가지로 인간이 근본적으로 죄성을 가진 죄인이기 때문에 여러 가지 죄를 짓는 것입니다.

로마서 1:28-32 28또한 그들이 마음에 하나님 두기를 싫어하매 하나님께서 그들을 그 상실한 마음대로 내버려 두사 합당하지 못한 일을 하게 하셨으니 29곧 모든 불의, 추악, 탐욕, 악의가 가득한 자요 시기, 살인, 분쟁, 사기, 악독이 가득한 자요 수군수군하

다. 약간 과장된 말이기는 하지만 내 삶의 모든 것을 사람들이 본다면 지금처럼 떳떳하게 살 수 있겠습니까?

나는 특별한 죄를 지은 적이 없다고 생각하는 분들을 위해서 한 가지만 더 생각해 보겠습니다. 우리는 지금 단지 이 땅에서의 일시적인 문제를 다루고 있는 것이 아니라 영혼의 문제를 다루고 있습니다. 그러므로 우리는 우리 자신을 하나님의 기준에 비추어서 살펴볼 필요가 있습니다. 사람은 외형적인 것만을 보고 판단합니다. 그러나 하나님은 우리의 내면을 보시고 중심을 보십니다. "사람은 외모를 보거니와 나 여호와는 중심을 보느니라."(사무엘상 16:7) 우리는 겉으로 드러나는 모습만을 보고 죄가 없다고 생각할 수 있습니다. 그러나 우리의 중심을 보시는 하나님 앞에 설 때도 그럴 수 있을까요? 죄에 대한 우리의 생각은 대개 상대적입니다. 우리는 보통 때는 자신을 죄인이라고 생각하지 않습니다. 그런데 모든 사람이 흠모할 정도로 의로운 삶을 사는 사람의 앞에 선다면 어떨까요? 예를 들어서 테레사 수녀님 같은 분 앞에 선다면 어떻겠습니까? 그 분 앞에 서면 왠지 내 불의와 죄가 드러나는 것 같은 느낌이 들고 스스로 부끄러운 마음이 들지 않겠습니까? 테레사 수녀님 앞에서도 그렇다면 온전히 거룩하신 하나님 앞에 설 때는 얼마나 부끄럽고 두려울까요? 인간이 지은 범죄는 치명적인 것입니다. 그것은 사람을 죽음에 이르게 하는 무서운 죄입니다. 그래서 인간은 스스로는 아무것도 해결할 수 없는 상태에 이르렀습니다.

그렇다면 우리는 어떻게 구원을 받을 수 있습니까?

사람이 스스로의 힘으로는 아무것도 해결할 수 없기 때문에 구원은 전적으로 우리의 힘이 아닌 외부의 능력으로 이루어져야 합니다. 기독교는 철저히 타력으로 구원받는 것을 믿는 종교입니다. 기독교가 그런 신앙을 갖고 있는 이유는 우리 스스로는 구원할 힘이 없다고 보기 때문입니다. 우리가 우리 스스로를 구원할 수 없다는 것은 역사가 증명하고, 무엇보다 우리 자신이 증명하고 있지 않습니까? 그러게 해 줍니다. 그러나 역시 근본적인 해결책을 제시하지는 못합니다.

이런 모든 노력들은 다 일시적인 미봉책에 불과할 뿐 완전한 해결책이 될 수는 없습니다. 그 이유가 무엇일까요?

위에 열거한 여러 가지 노력들은 모두 인간 스스로 구원에 이르기 위해서 노력한 것입니다. 그러나 이런 접근은 근본적인 문제점을 안고 있습니다. 그것은 바로 위기에 처한 인간이 자기 스스로를 구원하려고 하는 접근법이라는 것입니다. 위기에 처한 인간이 스스로를 구원하겠다는 것은 인간이 당한 위기의 본질을 모르는 것입니다. 인간이 당한 위기는 수영에 미숙한 사람이 물에 빠진 것 정도가 아닙니다. 그 정도라면 사람에 따라서 스스로 구원에 이르는 사람이 있을지도 모릅니다. 그러나 인간이 처한 상황은 그 정도의 상황이 아닙니다.

오늘 지구촌이 처한 상황을 한번 돌아보십시오. 인류가 시작된 이래로 지금까지 전쟁이 그쳐 본 적이 없습니다. 지금도 끊임없이 전쟁이 벌어지고 있습니다. 대부분의 전쟁은 자국 이기주의로 인하여 발생한 것입니다. 사람들은 자신의 이익을 위해 남을 죽이는 일을 서슴없이 행합니다. 우리 각자가 직접 죽이는 일을 하지 않는다고 해서 이런 책임이 없어지는 것은 아닙니다. 우리도 역시 간접적으로 이런 전쟁에 동참하고 있습니다. 식량문제는 또 어떻습니까? 우리가 살고 있는 지구에는 사실 모든 인류가 먹기에 충분한 식량이 있습니다. 하나님은 충분한 식량을 우리에게 주셨습니다. 그런데 사람들의 욕심 때문에 그 모든 것을 골고루 나누어 먹지 않습니다. 그래서 한쪽에서는 비만으로 죽고 한쪽에서는 굶주려서 죽습니다. 인류역사 이래로 탐욕으로 인해 인간이 저지른 죄만큼 끔찍한 것이 없습니다. 오늘 우리 사회도 마찬가지입니다. 온갖 엽기적인 사건들이 벌어집니다.

어떤 분들은 나는 그런 일을 한 적이 없으니 나는 좀 다르다고 주장할지도 모릅니다. 그렇지만 솔직하게 자신을 한번 돌아보십시오. 감옥에 갇혀 있는 죄인과 그렇지 않은 사람과의 차이는 들켰느냐, 아니냐의 차이라고 말하는 사람이 있습니

"한번 죽는 것은 사람에게 정해진 것이요 그 후에는 심판이 있으리니(히브리서 9:27)."

　지금 인간은 이러한 심각한 어려움에 봉착해 있습니다. 그럼에도 불구하고 사람들은 그런 어려움이 당장에 벌어지는 일이 아니라는 이유 때문에 위기의 심각성을 알지 못합니다. 이것만큼 안타까운 것이 없습니다. 그러다가 인생의 마지막 순간에는 깊은 후회와 절망 가운데 죽어갑니다. 이제 우리는 이런 위기에서 벗어나야 합니다. 사람들은 이 위기에서 벗어나기 위해서 유사 이래 부단히 노력해 왔고 지금도 여러 가지 노력을 기울이고 있습니다.

　우리가 위기상황을 정확히 알았다면 이제 해결책을 모색해야 합니다. 여기서 말하는 해결책은 임시 미봉책을 말하는 것이 아닙니다. 감기에 걸렸을 때 병원에 가서 치료를 받고 약을 먹는 것은 사실 미봉책에 불과합니다. 감기의 제 증상을 일시적으로 완화시켜 주는 것입니다. 예를 들면 열을 떨어뜨리기 위해서 해열제를 먹이고 콧물이나 기침을 완화시키기 위해서 기타 약들을 먹이는 것입니다. 그렇지만 결국 감기를 치료하는 것은 우리 몸의 저항력입니다. 저항력이 없는 사람은 감기에 걸려서 죽기도 합니다.

　영적인 질병을 치료하는 것도 마찬가지 원리가 적용됩니다. 많은 사람들이 인간의 죄와 죽음, 그리고 심판의 문제를 해결해 보기 위하여 여러 가지 노력을 했습니다. 어떤 사람들은 자기 수행을 통하여 이 위기를 벗어나려고 시도했습니다. 자기 수행을 하면 어느 정도 달라집니다. 죄를 덜 짓게 될 것입니다. 그렇지만 아무리 수행을 한다고 해도 죄를 완전히 짓지 않는 사람은 없습니다. 정도의 차이가 있을 뿐 사람은 누구나 죄를 짓습니다. 어떤 사람들은 도덕적으로 선한 삶을 살아서 이 문제를 해결해 보려고 합니다. 그러나 그런 것도 역시 한계가 있습니다. 일시적인 미봉책에 불과할 뿐, 근본적으로 문제를 해결할 수는 없습니다. 어떤 사람들은 철학적인 탐구를 통해서 이 문제를 해결해 보려고 합니다. 철학적인 노력은 귀중한 것입니다. 그것은 인간의 문제를 인식하게 해 줍니다. 인간의 한계를 인정하

> 는 자요 30비방하는 자요 하나님서 미워하시는 자요 능욕하는 자요 교만한 자요 자랑하는 자요 악을 도모하는 자요 부모를 거역하는 자요 31우매한 자요 배약하는 자요 무정한 자요 무자비한 자라 32그들이 이같은 일을 행하는 자는 사형에 해당한다고 하나님께서 정하심을 알고도 자기들만 행할 뿐 아니라 또한 그런 일을 행하는 자들을 옳다 하느니라

근본적인 죄성과 구체적인 죄의 관계를 좀 더 생각해 보겠습니다. 로마서 1:28을 보면 인간은 근본적으로 마음에 하나님 두기를 싫어한다고 했습니다. 이것이 바로 원죄라고 부르는 인간의 근본적인 죄성입니다. 이 근본적인 죄로 인하여 인간은 여러 가지 흉악한 죄를 짓게 됩니다. 곧 모든 불의, 추악, 탐욕, 악의가 가득한 자, 시기, 살인, 분쟁, 사기, 악독이 가득한 자요, 수군수군하는 자요, 비방하는 자요, 하나님의 미워하시는 자요, 능욕하는 자요, 교만한 자요, 자랑하는 자요, 악을 도모하는 자요, 부모를 거역하는 자요, 우매한 자요, 배약하는 자요, 무정한 자요, 무자비한 자입니다. 이 죄들을 한 가지씩 가만히 생각해 보십시오. 우리가 살고 있는 인간세상이 얼마나 심하게 오염되었습니까? 나 또한 이런 죄에 알게 모르게 물들어 있지 않습니까? 이런 모든 죄들은 보다 근원적인 죄성에서 비롯되는 것입니다. 이런 죄를 직면하면 인간의 전적타락을 인정할 수밖에 없습니다.

우리가 상식적으로 알고 있는 대로 죄를 지으면 벌을 받게 되어 있습니다. 그래서 성경은 죄의 대가는 사망이라고 선언합니다. "죄의 삯은 사망이요 하나님의 은사는 그리스도 예수 우리 주 안에 있는 영생이니라(로마서 6:23)." 그렇습니다. 우리가 죄를 지었기 때문에 우리는 그 대가로 죽음을 당할 수밖에 없습니다. 여기서 죽음도 역시 감기 바이러스와 감기 증상의 관계와 유사한 측면이 있습니다. 인간이 범죄하면서 인간에게는 죽음의 증상들이 생겨나기 시작했습니다. 그래서 인간은 점점 늙다가 병들어 죽을 수밖에 없습니다. 사람은 누구나 죽습니다. 그리고 그 죽음은 죄의 대가입니다. 더 나아가서 죄를 지은 사람은 심판을 받을 수밖에 없습니다. 그리고 심판 후에는 그에 합당한 벌을 받게 되어 있습니다.

므로 우리는 외부의 힘으로만 구원을 받을 수 있습니다.

닫는 말

그렇다면 인간을 구원할 수 있는 분은 누구일까요? 단적으로 말하면 우리를 구원할 수 있는 분은 하나님밖에 없습니다. 세상을 창조하고 인간을 만드신 전능자만이 우리를 구원할 수 있습니다. 사람들은 스스로 구원받을 길을 찾으려고 애를 썼지만 그것은 이미 불가능함이 판명되었습니다. 남은 길은 인간을 창조하신 하나님이 우리의 구원을 위해 일하시는 것 밖에 없습니다. 이 사실을 바르게 깨닫지 못하기 때문에 많은 사람들이 길을 잃고 방황합니다. 하나님께서 제시하신 길을 알지 못하기 때문에 우리 스스로 찾아보려다가 길을 잃고 지쳐서 헤매는 것입니다. 그러므로 이제 우리가 할 일은 하나님께서 제시하신 구원의 길이 무엇인가에 관심을 기울이는 것입니다.

우리를 구원하기 위해 하나님께서 하신 일이 무엇인가는 다음 장에서 다루겠습니다.

복습을 위한 질문

1 만일 죽음이 분명한 법칙이라면 언젠가 우리에게도 닥쳐올 것이 분명한데 당신은 그 죽음을 위하여 무엇을 준비하고 있습니까?

2 당신은 당신의 죽음을 진지하게 생각해 보셨습니까? 만약 진지하게 생각해 보지 않았다면 한 번 진지하게 생각해 보시기 바랍니다. 죽음 이후에는 어떤 일이 있을까요?

3 당신은 죽음을 무엇이라고 생각하십니까?

4 우리가 죽은 후에 또 다른 세계가 존재한다는 것을 어떻게 알 수 있습니까?

5 우리가 예수님을 믿어야 하는 가장 본질적인 이유는 무엇일까요?

6 인간은 지금 어떤 어려움에 빠져 있습니까?

7 인간은 어떻게 구원을 받을 수 있을까요?

8 이 장을 공부하면서 당신의 마음에 가장 도전이 되었던 성구나 구절을 기록해 보십시오. 왜 그 성구와 구절이 마음에 도전을 주었습니까?

제2장 구원의 길(2)

여는 말

1장에서는 우리는 구원이 필요한 존재라는 것과 그 구원이 우리 자신의 힘으로는 이루어질 수 없다는 것을 생각해 보았습니다. 또한 그렇기 때문에 구원은 오직 인간을 창조하신 전능하신 하나님께서만 이룰 수 있는 일이라는 것도 배웠습니다. 그러므로 이번 장에서는 하나님이 어떻게 우리 인간을 구원하시며, 우리 인간이 어떻게 하나님의 구원을 받을 수 있는지 살펴보겠습니다. 구원이 인간의 힘으로는 불가능하고 오직 하나님의 능력으로만 가능하기 때문에 하나님이 인간을 구원하시는 길을 아는 것은 지극히 소중하고도 필수적인 일입니다. 또한 하나님께서 인간을 구원하시는 길을 안다면 우리는 마땅히 그 구원을 받기 위해서 내게 요구되는 것이 무엇인가에 관심을 기울여야 할 것입니다.

이제 우리는 하나님께서 인간을 구원하시기 위하여 하신 일이 무엇인가를 생각해 볼 필요가 있습니다. 신약성경 요한복음 3:16에는 이런 말씀이 있습니다. "하나님이 세상을 이처럼 사랑하사 독생자를 주셨으니 이는 그를 믿는 자마다 멸망하지 않고 영생을 얻게 하려 하심이라" 이 말씀에 따르면 하나님은 세상을 너무나 사랑하셨습니다. 여기서 세상이란 말은 세상 사람들을 의미합니다. 하나님은 우리와 같은 세상 사람들을 이처럼 사랑하셨습니다. 그렇다면 '이처럼'(this much)은 무슨 뜻입니까? 어느 정도 사랑하셨다는 말입니까? 자신의 외아들을 주실 정도로, 혹은 외아들을 주시는 방식으로 사랑하셨다는 뜻입니다.

사람이 누군가와 사랑에 빠지면 무엇인가 귀한 것을 주고 싶어합니다. 저도 처음 아내를 만나서 사랑하게 되었을 때, 나름대로 귀한 것을 준비해서 주었습니다. 제가 아내를 만난 지 얼마 안 되어 아내의 스물네 번째 생일을 맞았습니다. 그 때 생일선물로 이해인 수녀의 시집과 화장품, 그리고 장미꽃 스물네 송이를 선물했습니다. 아내가 장미꽃을 워낙 좋아하기 때문에 장미를 선물했습니다. 그저 주고 싶었습니다. 그런데 이런 선물은 그리 큰 것은 아닙니다. 그저 사랑하면 줄 수 있는 정도입니다. 그러나 하나님이 우리에게 주신 선물은 그런 정도가 아닙니다. 하나님은 당신의 외아들을 우리에게 보내주셨습니다.

자녀를 키워보신 분들은 자녀가 아프거나 부상을 당해본 경험이 있을 것입니다. 더구나 내 실수와 잘못으로 자녀가 큰 부상을 입었을 때, 느끼는 아픔이 얼마나 큰 지는 자녀를 키워보신 분이라면 말하지 않아도 아실 것입니다. 저도 개인적으로 제 잘못이라고 느껴지는 일로 제 아이가 부상을 입었던 경험이 있었습니다.

제가 미국에서 유학할 때의 일입니다. 어느 날 아내는 집에 없었고 저 혼자 두 아이를 돌보고 있었습니다. 보통은 두 아이가 함께 노는데 그 날은 이상하게 다섯 살짜리 큰 아이는 집 안에서 놀겠다고 고집을 부리고 두 살짜리 작은 아이는 집 밖에서 놀겠다고 고집을 부렸습니다. 저는 하는 수 없이 집 밖에서 작은 아이를 돌보게 되었습니다. 큰 아이가 자꾸 저를 향해 집으로 들어오라고 소리를 질렀습니다. 그때마다 저는 큰 아이에게 말했습니다. "네가 밖으로 나와!" 그 순간 제 등 뒤로 창문이 깨지는 소리와 큰 아이의 외마디 비명소리가 함께 들렸습니다. "쨍그랑, 악!" 깜짝 놀란 저는 얼른 집 안으로 뛰어 들어갔습니다. 들어가 보니 창문은 완전히 박살이 났고, 여기저기 피가 떨어져 있었습니다. 얼른 아이를 살펴보니 왼손 새끼손가락의 한 마디가 거의 끊어져 있었습니다. 큰 아이가 저를 부르기 위해 창문을 열다가 창문이 깨지면서 아이의 손가락이 잘린 것입니다. 얼른 응급처치를 하고 종합병원의 응급실로 갔습니다. 그때가 이미 오후 6시가 넘은 시간이었습니다.

당직 의사들은 전문의가 없다는 이유로 임시로 여섯 바늘만 꿰매주었습니다. 그리고 다음 날 전문의가 있는 병원으로 가 보라고 연락처를 주었습니다. 다음 날 아침 일찍 아이를 데리고 손 전문의(hand specialist)가 있는 병원에 갔습니다. 우리의 설명을 들은 의사는 제게 이렇게 말했습니다. "스케줄이 너무 밀려 있어서 오늘은 봉합 수술을 할 수 없습니다. 오늘 수술 날짜를 잡으면 약 사흘 후에 수술을 할 수 있습니다." 제가 의사에게 물었습니다. "그렇지만 손가락의 상태가 어떤지 먼저 확인해야 하지 않습니까?" 의사는 다시 제게 말했습니다. "지금 손가락의 상태를 확인하여 신경과 힘줄이 끊어진 것이 아니라면 이 자리에서 당장 수술할 수 있습니다. 그러나 만약 신경과 힘줄이 끊어진 상태라면 다시 임시로 봉합하고 정식으로 수술실을 예약하여 사흘 후에 해야 합니다. 그러면 아이가 너무 고통스러울 것입니다." 저는 다시 의사에게 말했습니다. "그럼 그냥 사흘 후에 수술을 하는 것이 좋겠군요." 그 때 의사는 제게 이렇게 말했습니다. "그렇습니다. 그렇지만 만약 사흘 후에 아이의 손가락을 확인하였는데 신경과 힘줄이 끊어지지 않은 상태라고 해도 당신은 애초에 계획된 수술비용을 모두 지불해야 합니다." 저는 의사에게 수술비용이 얼마인지 물었습니다. 의사의 말을 들으면서 얼른 한화로 환산해 보니 약 800만원의 거금이었습니다. 의사는 제게 오늘 환부를 열어볼 것인지 아닌지 선택하라고 요구하였습니다. 그 순간 저는 아이를 앞에 놓고 돈 문제를 계산해야 하는 초라한 아빠가 되었습니다. 800만원이라는 돈이 너무 염려가 되어서 저는 환부를 열어보자고 하였습니다. 저는 아이의 손을 꼭 붙잡고 의사는 다시 어제 저녁에 임시로 봉합한 곳을 열었습니다. 의사가 아이의 환부를 여는 순간 저는 제 결정을 후회했습니다. 이미 신경과 힘줄이 다 끊어진 상태였습니다. 의사는 다시 임시로 봉합수술을 하였습니다. 아이는 계속 자지러질 듯 울고 있었습니다. 사고가 발생한 지 이틀이나 지났지만 아이는 수술을 하지 못한 채 고통 가운데 지낼 수밖에 없었습니다.

드디어 수술 날이 되었습니다. 아침 일찍 아이를 데리고 아내와 함께 병원으로 갔습니다. 의사는 우리에게 수술 시간은 약 네 시간이 소요될 것이라고 알려주었습니다. 곧 아이에게 전신마취를 하고 수술이 시작되었습니다. 아이가 수술을 받는 동안 저는 대기실에서 있었습니다. 구약성경 욥기를 펼쳤습니다. 욥의 고통에 비할 바는 아니지만 욥의 고통을 통하여 우리가 당한 고통의 의미를 묵상하고 싶었습니다. 욥기를 다 읽고 나니 욥의 고통을 전혀 이해하지 못하는 친구들의 모습을 통하여 내 모습을 생각하게 하셨습니다. 그 때 주님께서 이렇게 말씀하셨습니다. "너는 목사다. 목사는 성도들의 고통을 헤아리고 그들의 눈물을 닦아주는 사람이다. 그런데 너는 과연 성도들의 고통을 헤아리고 있느냐?" 저는 아무런 할 말이 없었습니다. 저는 그 때 뉴올리언스 신학교에서 신약학 박사과정을 밟고 있었습니다. 그 당시 제 관심은 오로지 공부하는 것 밖에 없었습니다.

학교의 다른 학생들이 어려움을 당해도 크게 관심을 갖지 않았습니다. 오로지 공부하여 학위를 받는 것에만 관심을 쏟고 있었습니다. 그 자리에서 주님께 회개하며 다짐했습니다. "주님, 일평생 성도들의 눈물을 닦아주는 목사로 살겠습니다." 욥기를 다 읽은 뒤에도 아직 시간이 남아 있었습니다. 다시 요한복음을 펼쳤습니다. 예수님께서 십자가를 지시는 장면을 읽는 데 가슴이 너무 아팠습니다. 저는 요한복음을 수없이 읽었습니다. 요한복음은 제 전공이었습니다. 논문을 쓰기 위해 다양한 헬라어 사본들로 수없이 읽었습니다. 그런데 그날처럼 예수님의 십자가 고통이 가슴 저리게 다가온 적이 없었습니다. 마치 가슴 부위를 실제로 칼로 찌르는 것처럼 고통스러웠습니다. 예수님의 십자가 고통과 아이의 수술받는 상황이 겹쳐서 더욱 그런 것 같습니다. 그 때 주님께서 말씀하셨습니다. "너 그렇게 가슴이 아프냐?" "예. 주님, 가슴이 아파요. 제 잘못으로 아이가 저렇게 고통을 당하고 있어요." 그 순간 주님은 일평생 제가 잊을 수 없는 말씀을 하셨습니다. "너는 네 아들의 손가락이 잘린 일이 그렇게 가슴 아픈데 나는 너를 위해 내 아들을 십자가에 못 박았다!" 저는 그 때 비로소 하나님의 마음을 알았습니다. 십자가가 아들을 내어주신 하나님의 사랑이라는 것을 그 때 비로소 알았습니다. 수없이 십자가를 설교했지만 저는 십자가의 의미를 제대로 알지 못하고 있었습니다. 하나님은 나를 너무 사랑하셔서 아픈 마음을 견디면서 당신의 외아들을 십자가에 죽도록 내어 주셨습니다. 그것은 저를 향한 하나님의 사랑이었습니다.

이제 하나님이 자신의 아들을 우리를 위하여 내어주셨다는 말씀의 의미를 좀 더 구체적으로 생각해 보겠습니다. 요한복음 3:16과 로마서 5:8-10을 읽고 다음 질문에 답해 보십시오.

> 요한복음 3:16 하나님이 세상을 이처럼 사랑하사 독생자를 주셨으니 이는 그를 믿는 자마다 멸망하지 않고 영생을 얻게 하려 하심이라

> 로마서 5:8-10 ⁸우리가 아직 죄인 되었을 때에 그리스도께서 우리를 위하여 죽으심으로 하나님께서 우리에 대한 자기의 사랑을 확증하셨느니라 ⁹그러면 이제 우리가 그의 피로 말미암아 의롭다 하심을 받았으니 더욱 그로 말미암아 진노하심에서 구원을 받을 것이니 ¹⁰곧 우리가 원수 되었을 때에 그의 아들의 죽으심으로 말미암아 하나님과 화목하게 되었은즉 화목하게 된 자로서는 더욱 그의 살아나심으로 말미암아 구원을 받을 것이니라

1) 요한복음 3:16에서 독생자를 주셨다는 말씀은 로마서 5:8-10의 말씀에 비추어 볼 때, 구체적으로 예수님을 어떻게 했다는 뜻입니까?

하나님은 자신의 아들을 십자가의 죽음으로 죽게 하셨습니다. 하나님이 이 세상의 사람들을 사랑하셔서 자기 아들을 주셨다는 것은 단지 그 분을 이 땅에 태어

나게 했다는 말씀이 아닙니다. 그런 뜻도 있지만 그것만이 다는 아닙니다. 독생자를 주셨다는 것은 십자가에서 자기 아들을 죽게 했다는 것입니다. 도대체 우리를 얼마나 사랑하면 자기 아들을 우리 대신 죽게 할 수 있습니까? 하나님의 사랑이란 참으로 얼마나 엄청난 것입니까?

2) 우리를 위하여 죽임을 당하신 분은 정확히 누구입니까?

우리를 위하여 죽임을 당하신 분은 하나님의 아들입니다. 8절에는 단지 그리스도라고 표현되어 있습니다. 그러나 10절에 보면 그 분이 하나님의 아들이라는 것을 알 수 있습니다. 자신의 아들을 보내셨다는 것은 곧 자신을 주신 것과 다름이 없습니다. 하나님은 우리를 구원하기 위하여 제3자를 보내신 것이 아닙니다. 그 분 자신의 분신과도 같은 자기 아들을 보내주셨습니다. 그렇기 때문에 그 사랑은 참으로 놀랍고 지극한 것입니다.

3) 하나님은 누구를 위해 그의 아들을 죽도록 내어 주셨습니까?

하나님은 우리를 위해 자기 아들을 십자가에서 죽게 하셨습니다. 그런데 우리가 아직 죄인이었을 때에 그렇게 하셨습니다. 우리가 하나님의 사랑을 알고 깨달은 후에 그렇게 하신 것이 아닙니다. 우리가 아무것도 모르는 죄인인 상태에서 먼저 그렇게 사랑을 베푸셨습니다. 세상에는 간혹 다른 사람을 위해서 대신 죽는 사람이 있습니다. 그렇지만 우리처럼 죄 많고 고집 센 사람을 위해서 아무 조건없이 자기 목숨을 버린 사람은 오직 예수님밖에 없습니다.

하나님은 사랑하는 독생자 예수 그리스도를 우리를 위해 보내주셨고, 예수님은 십자가에서 제물이 되어 돌아가셨습니다. 예수님께서 십자가의 제물로 돌아가신 이유는 오로지 세상을 구원하기 위해서입니다. 허물과 죄로 죽었던 우리를 다시 살리시려고, 곧 구원하시려고 십자가의 제물로 돌아가신 것입니다. 그렇다면 과연 어떻게 그리스도의 죽음이 우리를 구원할까요?

첫째로, 그리스도의 죽음은 우리 죄를 용서하는 대속적(代贖的) 죽음이기 때문입니다.(로마서 5:9) 어떤 분들은 이렇게 반문할지 모릅니다. "하나님이 정말 사랑이 많은 분이라면, 그 분은 왜 우리 모두를 그냥 쉽게 용서하지 못하십니까?" 충분히 생각할만한 문제인 것 같습니다. 하나님이 사랑이 넘치는 분이라면 왜 그 분은 우리를 그냥 용서하지 않고 굳이 예수 그리스도의 죽음을 통해서 용서하십니까? 이런 의문은 사실 '인간의 악함' 과 '하나님의 거룩함' 을 심각하게 생각하지 못하기 때문에 나오는 것입니다. 인간의 죄성에 대해서는 앞에서 이미 충분히 다루었기 때문에 여기서 반복하지는 않겠습니다. 다만 인간의 죄가 단순한 실수가 아니라 하나님을 의지적으로 반역하는 것이라는 사실을 기억할 필요가 있습니다.

이제 하나님의 거룩함에 대해서 생각해 보겠습니다. 하나님은 사랑이 많은 동시에 지극히 거룩하신 분입니다. 여기에 하나님의 거룩한 딜레마가 있습니다. 하나님은 어떻게 자신의 거룩한 성품과 타협하지 않으면서 죄인인 우리를 용서할 수 있을까요? 하나님은 사랑이시기 때문에 우리를 용서하기를 원하십니다. 동시에 그 분은 거룩하신 분이기 때문에 죄인된 우리를 공의에 따라 벌하셔야 합니다. 그렇다면 어떻게 하나님은 그 분의 거룩함과 사랑을 함께 보여주실 수 있을까요?

바로 이 딜레마를 해결하시기 위해 예수님은 십자가에서 죽임을 당해야 했던 것입니다. 예수님께서 십자가에서 죽임을 당하셨을 때, 그리스도 안에 계신 하나님 자신이 직접 우리가 받을 심판을 대신 받으셨습니다. 그것으로 죄에 대한 모든 대가가 치러졌습니다. 우리가 아니라 하나님이 대신 죄의 대가를 치르신 것입니다. 이것이 바로 "그리스도께서 우리 죄를 위해 십자가에서 죽으셨다" 는 말씀의 의미입니다. 우리가 죄를 지었기 때문에 우리가 죽어야 마땅합니다. 그런데 성경은 우리 죄를 위하여 그리스도께서 죽으셨다고 선언합니다. 이것이 바로 대속적(代贖的) 죽음입니다. 하나님은 대속적 죽음이라는 방법을 통해서 우리 죄와 죽음의 문제를 해결하신 것입니다. 그러므로 그리스도의 죽음은 우리의 죄를 용서할 수 있습니다.

자 그럼, 두 번째로 어떻게 그리스도의 죽음이 우리를 구원할까요?

둘째로, 그리스도의 죽음은 우리를 감동시키는 희생적인 사랑의 죽음이기 때문입니다. 십자가에서 죽으신 그리스도의 죽음은 하나님의 엄청난 사랑을 계시합니다. 우리가 그리스도의 십자가 죽음을 깊이 묵상하면 그 안에서 우리를 향한 깊은 사랑을 발견하게 됩니다. 하나님은 우리와 같은 죄인들을 구원하기 위하여 자신의 아들을 내어주는 고통을 감수하셨습니다. 십자가에서 흘리신 예수님의 피는 우리를 향한 그 분의 사랑의 표현입니다. 자신의 생명까지도 아끼지 않고 내어주신 그 사랑은 죄에 빠져있던 인간을 근본적으로 변화시킵니다. 그 희생적인 사랑이 우리를 내면으로부터 근본적으로 변화시켜 나갑니다.

하나님께서 우리를 구원하는 방법은 참으로 놀랍습니다. 하나님은 우리에게 자기수양을 통해서 구원에 이르라고 요구하지 않았습니다. 구원받기 위해서 우리의 생명을 바치라고 요구하지도 않았습니다. 우리가 구원의 진정한 의미를 안다면 사실 이런 희생을 요구한다고 해도 순종해야 할 것입니다. 그러나 하나님께서는 우리를 구원하시기 위해 우리에게 무엇을 요구하기 전에 자신이 먼저 무엇인가를 행하셨습니다. 바로 예수 그리스도 안에서 자신을 내어주신 것입니다. 하나님께서는 예수 그리스도를 십자가에서 죽게 하심으로 우리를 향한 그 분의 사랑을 증명해 주셨습니다. 자식이 부모에게 할 수 있는 가장 큰 불효는 부모의 사랑을 받아들이지 않는 것입니다. 마찬가지로 인간의 가장 큰 죄는 하나님의 사랑을 인정하지 않는 것입니다. 하나님께서 먼저 그 큰 사랑을 베풀어주셨건만 우리가 그 사랑을 무시하고 그 사랑에 대해서 무지하게 살아가는 것, 그것이 바로 가장 큰 죄입니다. 이제 그 큰 죄에서 돌이키십시오. 하나님께서 더 크신 사랑으로 받아주실 것입니다.

우리는 지금까지 하나님께서 우리에게 베풀어주신 것이 무엇인가를 살펴보았습니다. 하나님께서 죄인인 우리를 사랑하셔서 우리에게 자기 아들을 아끼지 않고 보내주셨다는 것을 배웠습니다. 그리스도의 죽음은 내 죄를 용서하는 대속적(代贖的) 죽음이며, 동시에 우리를 변화시키는 희생적인 사랑의 죽음이라는 것도 배웠습니다. 이제 어떻게 하면 우리가 그 구원을 얻을 수 있는가를 살펴보겠습니다.

에베소서 2:8-9을 읽고 다음 질문에 답해 보십시오.

> 에베소서 2:8-9 ⁸너희는 그 은혜에 의하여 믿음으로 말미암아 구원을 받았으니 이것은 너희에게서 난 것이 아니요 하나님의 선물이라 ⁹행위에서 난 것이 아니니 이는 누구든지 자랑하지 못하게 함이라

1) 구원은 우리 힘으로 얻는 것입니까? 아니면 하나님께서 주시는 것입니까?

그리스도인들은 구원이 우리 힘으로 얻는 것이 아니고 하나님께서 선물로 주시는 것이라고 믿습니다. 우리는 앞에서 하나님께서 우리를 사랑하셔서 자기 아들을 아끼지 않고 내어주셨다는 것을 배웠습니다. 이와 같이 구원은 하나님께서 우리에게 먼저 손을 내미심으로 시작되었습니다. 그래서 이 구절에서는 구원이 하나님의 선물이라고 가르칩니다. 동시에 하나님의 은혜라고 합니다. 우리가 누군가에게 은혜를 입었다고 말할 때, 그 말의 의미는 무엇입니까? 일반적으로 그 말은 내가 받을 자격이 없는데 받았다는 뜻입니다. 내가 충분히 받을 자격이 있어서 받았다면 그것은 은혜가 아닙니다.

그러므로 우리가 그 은혜로 인하여 구원을 받았다는 말은 구원이 우리 입장에서는 전혀 받을 자격이 없음에도 불구하고 하나님의 일방적인 은혜로 받았다는 뜻입니다. 이 말은 사실 너무나 당연한 말입니다. 우리가 의지적으로 하나님을 거역한 죄인이라는 사실이 분명하다면(당신이 이것을 인정한다면!) 우리의 구원이 하나님의 은혜의 선물이라는 것은 너무나 분명한 것입니다.

2) 그렇다면 우리는 어떻게 그 선물을 받아야 합니까?

구원이 하나님이 은혜의 선물이라면 우리는 이제 어떻게 그 선물을 받아야 하는지 생각해 보아야 합니다. 에베소서 2:8 말씀에 보면 "그 은혜를 인하여" 다음에 "믿음으로 말미암아"라는 표현이 있습니다. 이 말은 구원이 은혜 때문에 받는 것이지만 그 구원을 받는 방법은 믿음이라는 말입니다. 그러므로 우리는 '믿음으로' 구원의 선물을 받습니다.

믿음으로 구원을 받는다고 말할 때, 믿음이란 구체적으로 무엇일까요? 마태복음 16:16에 따르면, 믿음이란 주님을 그리스도로, 살아계신 하나님의 아들로 믿는 것입니다. 또한 요한복음 1:12에 따르면, 믿는다는 것은 곧 예수 그리스도를 내 마음에 영접하는 것입니다. 이 두 구절을 종합해서 생각해보면 믿는다는 것은 예수 그리스도를 나의 구원자로 믿고, 그 분을 내 마음과 내 삶에 주님으로 모셔들인다는 것입니다.

> 마태복음 16:16 시몬 베드로가 대답하여 이르되 주는 그리스도시오 살아계신 하나님의 아들이시니이다.

> 요한복음 1:12 영접하는 자, 곧 그 이름을 믿는 자들에게는 하나님의 자녀가 되는 권세를 주셨으니

믿는 자에게는 어떤 일이 일어납니까?

요한복음 1:12에 따르면 믿는 자는 하나님의 자녀가 됩니다. "영접하는 자, 곧 그 이름을 믿는 자들에게는 하나님의 자녀가 되는 권세를 주셨으니" 이것은 마치 입양되는 것과 비슷합니다. 우리가 믿음을 고백하는 순간 우리는 하나님의 자녀로 입양되는 것입니다. 로마서 10:9-10에 따르면 우리의 믿음을 입으로 시인하여 구원에 이르게 됩니다. "네가 만일 네 입으로 예수를 주로 시인하며 또 하나님께서 그를 죽은 자 가운데서 살리신 것을 네 마음에 믿으면 구원을 받으리라 사람

이 마음으로 믿어 의에 이르고 입으로 시인하여 구원에 이르느니라." 그러므로 우리는 마음으로 믿는 바를 입으로 시인해야 합니다. 예수님은 지금 당신의 마음 문을 두드리고 있습니다. 이제 당신의 마음을 열고 주님을 모셔 들이십시오. 요한계시록 3:20은 이렇게 말합니다. "볼지어다 내가 문 밖에 서서 두드리노니 누구든지 내 음성을 듣고 문을 열면 내가 그에게로 들어가 그와 더불어 먹고 그는 나와 더불어 먹으리라." 예수님은 당신과 함께 거하기를 원하십니다. 그래서 당신의 마음 문을 두드리고 있습니다. 우리 예수님은 여러분의 마음 문을 부수고 들어오기를 원하지 않습니다. 그것은 강압적인 지배자의 모습이지 사랑의 주님의 모습이 아닙니다. 그러므로 이제 당신 스스로 마음의 문을 열어야 합니다. 당신의 마음을 보여드리십시오. 당신이 마음 문을 열기만 하면 예수님께서는 당신의 친구와 주님이 되어서 영원토록 함께 사실 것입니다.

예수님은 지금 당신을 초청하고 있습니다. 그 동안 세상의 짐을 지고 가느라 지치셨습니까? 그렇다면 우리 주님의 초청을 받아들이십시오. "수고하고 무거운 짐 진 자들아 다 내게로 오라 내가 너희를 쉬게 하리라. 나는 마음이 온유하고 겸손하니 내 멍에를 메고 내게 배우라 그리하면 너희 마음이 쉼을 얻으리니 이는 내 멍에는 쉽고 내 짐은 가벼움이라 하시니라(마태복음 11:28-30)."

주님의 초청을 받고 주님을 영접하면 모든 죄의 짐을 벗어던지고 참된 평안과 기쁨을 누리게 됩니다. 죄의 짐을 벗어버렸을 때 느끼는 감격을 존 번연은 '천로역정'에서 이렇게 묘사했습니다.

그래서 짐을 짊어진 크리스천은 여기까지 뛰어왔으나, 등에 진 짐 때문에 말할 수 없이 힘들었다. 그렇게 다소 오르막인 곳으로 올 때까지 뛰었는데 그 곳에는 십자가가 서 있었고, 그보다 약간 아래에는 무덤이 있었다. 꿈에서 내가 보니, 크리스천이 십자가가 있는 곳으로 올라오자마자 그의 짐이 어깨에서 풀려 땅으로 떨어져 굴러가기 시작했다. 그것은 그렇게 계속 굴러 무덤 입구를 지나 마침내 그 안으로 떨어졌고, 나는 더 이상 그것을 볼 수 없었다. 그러자 크리스천이 기뻐하며 쾌활하고 명랑하게 말했다. "그가 자신의 슬픔을 대가로 내게 쉼을 주었고, 자신의 죽음을 대가로 생명을 주었다." 그리고 잠시 가만히 서서 놀라운 눈빛으로 십자가를 바라보았다. 자신의 짐이 풀어진 것은 그에게 매우 놀라운 일이었기 때문이다. 그래서 그는 바라보고, 또 바라보았다. 눈물의 샘에서 물이 흘러 양 볼을 적실 때까지. …그렇게 서서 바라보며 울고 있는데, 세 명의 빛나는 존재가 그에게 와서 "네게 평화가 있을지어다" 하며 인사를 했다. 첫 번째 존재가 그에게 말했다. "너의 죄가 용서되었다." … 두 번째 존재는 그에게서 누더기 옷을 벗기고 새 옷을 입혀 주었다. 세 번째 존재는 그의 이마에 표시를 해주고 봉인이 된 두루마리를 주었고…천국의 문에 도달하거든 그것을 달라고 했다….

그러자 크리스천은 기쁨에 겨워 껑충 뛰더니 이어서 노래를 했다.
 '여기까지 나는 왔네, 나의 죄 짐을 지고.
 여기에 오기 전에는 그 어떤 것도
 나의 슬픔을 덜어주지 못했네. 이 얼마나 놀라운 곳인가!
 여기서부터가 내 행복의 시작이란 말인가?
 여기에서 내 등의 짐이 벗겨진단 말인가?
 여기에서 나를 그 짐에 묶고 있던 끈이 끊어진단 말인가?
 복된 십자가여! 복된 무덤이여! 오, 복되도다,
 나를 위해 거기서 수치를 당한 그 분이여!

이제 주님을 당신의 마음에 영접하시기 바랍니다. 주님을 영접하기 원한다면 다음의 기도를 드리십시오.

주 예수님,
저를 위해서 십자가에서 죽으심으로 내 모든 죄를 대신 담당해주셔서 감사합니다.
저는 지금까지 저를 향한 하나님의 사랑을 알지 못하고 살았던 죄인입니다.

이 시간에 주님을 거부하며 살았던 저의 죄를 회개합니다.
저를 용서하여 주시고 저를 받아주옵소서.
이 시간 제 마음의 문을 열고 예수님을 나의 주님으로 영접합니다.
제 안에 들어오셔서 저의 주님이 되어 주시옵소서!
예수님의 이름으로 기도합니다. 아멘.

닫는 말

당신이 예수님을 당신의 구세주로 영접했다면 이제 당신은 영원히 변하지 않는 하나님의 말씀에 따라서 다음과 같은 축복을 누리게 되었습니다.

1) 당신 안에는 예수님께서 거하십니다.

> 요한계시록 3:20 볼지어다 내가 문 밖에 서서 두드리노니 누구든지 내 음성을 듣고 문을 열면 내가 그에게로 들어가 그와 더불어 먹고 그는 나와 더불어 먹으리라

2) 당신의 모든 죄는 용서받았습니다.

> 요한일서 1:9 만일 우리가 우리 죄를 자백하면 그는 미쁘시고 의로우사 우리 죄를 사하시며 우리를 모든 불의에서 깨끗하게 하실 것이요

3) 당신은 하나님의 자녀가 되었습니다.

> 요한복음 1:12 영접하는 자, 곧 그 이름을 믿는 자들에게는 하나님의 자녀가 되는 권세를 주셨으니

4) 당신은 영원한 생명을 얻었습니다.

> 요한복음 5:24 내가 진실로 진실로 너희에게 이르노니 내 말을 듣고 또 나 보내신 이를

> 믿는 자는 영생을 얻었고 심판에 이르지 아니하나니 사망에서 생명으로 옮겼느니라

5) 당신은 새로운 사람이 되었습니다.

> 고린도후서 5:17 그런즉 누구든지 그리스도 안에 있으면 새로운 피조물이라 이전 것은 지나갔으니 보라 새 것이 되었도다

당신이 구원받은 하나님의 자녀가 된 것은 절대로 거짓말을 하지 못하시는 하나님의 말씀에 근거한 것입니다. 그러므로 위에 있는 약속의 말씀을 신뢰하십시오. 사람은 감정의 기복이 큰 존재라서 때로는 감정적으로 특별하게 느껴지지 않을 수 있습니다. 그러나 당신이 진심으로 고백하고 영접했다면 주님께서는 영원히 당신과 함께 거하십니다. 그 사실을 늘 기억하십시오. 동시에 그 분께 순종하며 살아가면 당신의 삶에 그 분이 주시는 기쁨과 평화가 함께 할 것입니다.

"그리스도인이 된 것을 진심으로 축하합니다!!!"

복습을 위한 질문

1 하나님께서 인간을 위해 하신 일은 무엇입니까?(요 3:16)

2 하나님께서 자신의 아들을 우리를 위해 내어주셨다는 말씀은 구체적으로 무슨 뜻입니까?(요 3:16; 롬 5:8-10)

   1) 요한복음 3:16에서 독생자를 주셨다는 말씀은 로마서 5:8-10의 말씀에 비추어 볼 때, 구체적으로 예수님을 어떻게 했다는 뜻입니까?

   2) 우리를 위하여 죽임을 당하신 분은 정확히 누구입니까?

   3) 하나님은 누구를 위해 그의 아들을 죽도록 내어 주셨습니까?

3 어떻게 그리스도의 죽음이 우리를 구원할까요? 두 가지로 설명해 보십시오.

4. 우리는 어떻게 그 구원을 얻을 수 있을까요? (엡 2:8-9) 다음 질문에 답해 보십시오.

   1) 구원은 우리 힘으로 얻는 것입니까? 아니면 하나님께서 주시는 것입니까?

   2) 그렇다면 우리는 어떻게 그 선물을 받아야 합니까?

5. 믿는 자에게는 어떤 일이 일어납니까?

6. 예수님을 영접한 사람은 어떤 축복을 누리게 될까요?

7. 이 장을 공부하면서 당신의 마음에 가장 도전이 되었던 성구나 구절을 기록해 보십시오. 왜 그 성구와 구절이 마음에 도전을 주었을까요?

제3장 성경

여는 말

찰스 디킨스 "성경은 이 세상에서 가장 좋은 책이다."

마르틴 루터 "성경은 살아있다. 성경은 나에게 말씀한다. 성경은 발이 있어 나를 향해 달려온다. 성경은 손이 있어 나를 붙잡는다. 성경은 옛것도 새것도 아니다. 성경은 영원하다."

빌리 그레이엄 "우리에게 일어나는 문제의 90퍼센트는 하나님의 말씀인 성경을 읽지 않는 데서 생긴다."

조지 뮬러 "우리의 영적 생활의 활력은 우리의 생활과 생각 속에 자리잡은 성경의 비중에 달려있다."

루즈벨트 "링컨은 성경 한 권으로 그의 생애를 더할 나위 없이 위대한 생애로 만든 사람이고 성경과 함께 걸어간 사람이다."

링컨 "성경은 하나님께서 우리 모두에게 주신 최고의 선물이다."

스펄전 "읽으라. 하나님의 말씀이기 때문이다. 지키라. 하나님의 법이기 때문이다. 받으라. 하나님의 선물이기 때문이다. 믿으라. 하나님의 약속이기 때문이다."

R. A. 토레이 "성경을 번역하는 방법은 많이 있다. 하지만, 이 세상에서 가장 위대한 성경번역은 내 삶으로 성경을 직접 번역하는 것이다."

> 디모데후서 3:16-17 16모든 성경은 하나님의 감동으로 된 것으로 교훈과 책망과 바르게 함과 의로 교육하기에 유익하니 17이는 하나님의 사람으로 온전하게 하며 모든 선한 일을 행할 능력을 갖추게 하려 함이라

제3장에서는 우리 그리스도인의 삶의 완전한 표준인 성경에 대해서 공부하려고 합니다. 기독교인들은 성경을 우리 삶의 최종적인 권위의 말씀으로 받아들입니다. 링컨은 "성경은 하나님께서 우리 모두에게 주신 최고의 선물"이라고 말했습니다. 조지 뮬러는 "우리의 영적 생활의 활력은 우리의 생활과 생각 속에 자리잡은 성경의 비중에 달려 있다"고 말했습니다. 뉴턴은 "성경에는 인간의 그 어떤 진리보다 가장 확실한 진리가 있다"고 말했습니다. 이와같이 성경의 중요성은 아무리 강조해도 지나치지 않습니다. 초대교회는 철저히 성경을 중심으로 성경을 따라 살았습니다.

그 결과 위대한 부흥을 이루었습니다. 그러나 중세기에는 하나님의 말씀인 성경의 권위보다 교회와 사제의 권위가 더 높았습니다. 그 결과 중세기에는 기독교의 암흑기를 맞이하게 된 것입니다. 그 기간 동안 교회는 무수히 많은 죄를 저질렀습니다. 십자군 운동의 폭력성과 또 교회에 반대하는 사람들을 무참히 처형한 사건들은 대표적인 교회의 죄악들입니다. 그래서 종교개혁가들은 "오직 성경으로"라는 구호를 내걸고 교회를 개혁한 것입니다. 우리 교회는 그런 종교개혁자들의 전통을 따라 성경을 우리 삶의 최고 권위로 인정합니다.

1. 성경은 특별한 책이다!

성경이 인류역사상 비교할 책이 없는 최고의 책이며 가장 특별한 책이라는 것은 이견(異見)이 없는 분명한 사실입니다. 그렇다면 어떤 면에서 성경은 그렇게 특별한 책일까요?

첫째, 성경은 그 기록과정이 특별합니다. 성경은 약 1,600년 동안 40여 명의 성경기자들을 통하여 기록되었습니다. 이것은 참으로 특별한 것입니다. 한 권의 책이 1,600년 동안 기록되는 일은 거의 찾아보기 어렵습니다. 게다가 40여명의 기자들이 기록하는 경우도 거의 없습니다. 그 40여 명도 높은 교육을 받은 사람부터 평범한 사람에 이르기까지 참 다양합니다. 그런데 더욱 의미 있는 것은 1,600년 동안 40여 명의 기자들이 기록했음에도 불구하고, 성경은 일관성있게 한 가지 주제를 다루고 있다는 사실입니다.

둘째, 성경은 그 보존과정이 특별합니다. 성경은 이 세상의 그 어떤 책보다도 많은 시련과 핍박을 겪은 책입니다. 수 없이 많은 왕들이나 국가 지도자들이 성경을 없애려고 애를 썼습니다. 그럼에도 불구하고 성경은 지금까지 잘 보존되어 왔습니다. 지금은 인쇄술을 통하여 쉽게 복사되지만 구텐베르크가 인쇄술을 발명하기 이전까지 성경은 모두 직접 손으로 기록한 필사본이었습니다. 그런데 현재 신약성경의 필사본만 해도 자그마치 5,800여개가 있습니다. 수없이 많은 사람들이 성경을 보존하기 위해 일일이 손으로 베끼는 수고를 감당했습니다. 어떤 사람들은 평생 그런 일을 하다가 실명하기도 했습니다. 또한 그렇게 기록된 성경을 보존하기 위해 많은 사람들이 순교의 피를 흘렸습니다.

셋째, 성경은 전 세계에 보급되는 과정이 특별합니다. 현재까지 성경은 지구상에 나온 책 중에 가장 많이 팔린 책입니다. 지금도 전 세계적인 베스트셀러 1위는 성경입니다. 매년 6억 권의 성경이 팔립니다. 이렇게 많은 성경이 보급되었음에도 불구하고 아직도 성경을 자신들의 모국어로 가지고 있지 않은 사람들을 위해 성경번역선교사들은 지금도 성경번역선교에 헌신하고 있습니다. 이와같이 전 세계에 성경을 보급하기 위하여 헌신한 사람들을 사용하여 하나님께서는 지금도 헌신된 주님의 백성들을 사용하여 친히 성경을 보급하고 계십니다. 성경의 보급은 단지 인쇄업자나 출판업자들을 통해서 이루어지는 것이 아닙니다. 성경은 하나님의 말씀을 보급하기 위하여 헌신한 하나님의 사람들을 통하여 보급되는 것입니다. 그런 면에서 성경은 참으로 특별한 책입니다.

넷째, 성경은 사람을 변화시키는 능력이 특별합니다. 좋은 책은 읽는 사람에게 감동을 주어서 그 사람을 변화시키는 힘이 있습니다. 성경은 그런 면에서 참으로 특별한 책입니다. 지금까지 성경을 읽고 변화된 사람들은 그 수를 헤아릴 수 없을 정도로 많습니다. 린제이 페리고는 이렇게 말했습니다. "성경에 의해 변화받지 못하는 사람은 오직 성경을 읽지 않는 사람뿐이다." 한 사람이 변화되는 것은 우리의 아름다운 말이 아니라 복음의 능력으로 되는 것입니다. 그리고 복음의 능력은 성경에 기록된 살아있고 운동력이 있는 하나님의 말씀을 능력있게 선포할 때 나타납니다.

그렇다면 그렇게 특별한 성경의 저자는 누구일까요?

> 디모데후서 3:16-17 16모든 성경은 하나님의 감동으로 된 것으로 교훈과 책망과 바르게 함과 의로 교육하기에 유익하니 17이는 하나님의 사람으로 온전하게 하며 모든 선한 일을 행할 능력을 갖추게 하려 함이라

이 말씀대로 성경의 저자는 하나님이십니다. 왜냐하면 모든 성경은 하나님의 감동으로 기록된 것이기 때문입니다. 그것을 전문적인 용어로 하나님의 영감으로 기록되었다고 합니다. 물론 이 말은 하나님께서 직접 그 분의 손으로 성경을 기록했다는 말은 아닙니다. 하나님은 인간을 사용하여 성경을 기록하였습니다. 그래서 그들을 성경저자(著者)라고 부르지 않고 성경기자(記者)라고 부릅니다.

물론 이 성경기자들이 하나님께서 불러주는 대로 아무 생각없이 받아 적은 것은 아닙니다. 하나님은 성경기자들이 살아온 배경과 지성 등을 모두 사용하셨습니다.

그래서 성경의 각 책에 나타나는 어휘나 문체 등은 성경 기자에 따라 분명한 차이가 있습니다. 다만 중요한 것은 성령 하나님께서 각 성경 기자들을 감동하여 성경을 기록하게 했다는 사실입니다. 그렇기 때문에 약 40여 명에 이르는 다양한 기자들이 1600년에 걸쳐 성경을 기록했지만 성경은 전체적으로 그 주제가 일관성이 있습니다.

2. 성경의 구성

이제 성경의 구성을 생각해 보겠습니다. 성경은 크게 구약과 신약으로 이루어져 있습니다. 구약이라는 말은 옛 언약(Old Testament)이라는 말이고 신약이라는 말은 새 언약(New Testament)이라는 말입니다. 구약이 돌판에 기록된 언약이라면 신약은 사람의 마음에 새겨진 언약입니다. 또한 구약이 앞으로 오실 메시야에 대한 예언의 책이라면 신약은 구약의 예언에 대한 성취로서 오신 메시야와 앞으로 다시 오실 메시야에 관한 책입니다. 그래서 구약과 신약을 알기 쉽게 비교한다면 구약은 약속이고 신약은 그 약속의 성취라고 할 수 있습니다.

구약은 크게 세 부분으로 이루어져 있습니다. 첫 번째 부분은 흔히 율법이라고 부르는 모세 오경입니다. 모세 오경은 창세기, 출애굽기, 레위기, 민수기, 신명기입니다. 두 번째 부분은 선지서입니다. 선지서는 다시 전기선지서라고 불리는 역사서들, 곧 여호수아, 사사기, 사무엘서, 열왕기서 등과 우리가 흔히 선지서라고 알고 있는 후기선지서로 나누어집니다. 후기 선지서는 이사야, 예레미야, 예레미야애가, 에스겔, 다니엘, 호세아, 요엘, 아모스, 오바댜, 요나, 미가, 나훔, 하박국, 스바냐, 학개, 스가랴, 말라기 등입니다. 세 번째 부분은 욥기, 시편, 잠언, 전도서, 아가 등을 포함한 성문서입니다.

신약은 사 복음서와 사도행전, 13개의 바울서신과 일반서신들, 그리고 요한계시록으로 이루어져 있습니다. 복음서는 예수님의 삶과 사역을 주로 기록하고, 사도행전은 사도들의 복음전도 사역을 기록하고 있습니다. 서신서들은 말 그대로 사도들이 교회에게 보낸 편지들로서 성도들의 믿음을 격려하기 위한 목적을 갖고 있습니다. 신약성경의 마지막 책인 요한계시록은 신약의 예언서로서 만왕의 왕 예수 그리스도의 최종적인 승리를 기록하고 있는 책입니다.

3. 성경의 주제

책을 읽을 때는 어느 책이든지 그 책의 주제를 잘 파악하는 것이 중요한데, 그렇다면 인류역사상 최고의 책인 성경이 담고 있는 핵심 주제는 무엇입니까?

성경은 하나님의 이야기이자, 동시에 인간에 관한 이야기입니다. 하나님께서 인간을 구원하기 위하여 인간을 찾아오심으로 벌어지는 이야기로서 창조, 타락, 구속, 완성이라는 네 주제로 이루어져 있습니다.[1]

성경에서 하나님은 거룩한 주역이시고, 사단은 악역이며, 하나님의 백성들은 다양한 역할을 맡고 있다고 할 수 있습니다.

1) 창조

성경은 태초에 하나님께서 천지를 창조했다는 말씀으로 시작됩니다. 하나님은 만물의 기원이고, 이 모든 피조세계는 하나님께 의존하고 있습니다. 특히 의미 있는 것은 하나님의 창조물 중에 가장 영광스러운 최고의 작품은 바로 인간이라는 사실입니다. 인간은 하나님의 형상을 본 따서 만들어졌기 때문에 그 분과 대화하고 그 분의 사랑을 입고 그 분을 기쁘시게 할 수 있는 존재입니다. 이 사실은 창세기 1-2장에 주로 기록되어 있지만 성경 전체에서 지속적으로 반복되고 있습니다.

2) 타락

이 두 번째 장은 길고도 비극적인 이야기를 담고 있습니다. 인간의 타락에 대한 이야기는 창세기 3장에서 시작되어 거의 성경의 끝까지 계속됩니다. 하나님의 형

---

[1] 알버트 월터스는 그의 책 "창조 타락 구속"에서 기독교세계관을 창조, 타락, 구속의 세 주제로 설명합니다. 필자는 여기에 완성을 추가하여 창조, 타락, 구속, 완성의 네 주제로 설명하는 것이 더 적절하다는 입장입니다.

상으로 창조된 인간이 하나님과 같아지려는 교만한 마음을 품으면서 타락이 시작됩니다. 창조주에게 의존하고 살아야만 살 수 있는 인간이 창조주로부터 독립하려고 하다가 결국 타락의 길을 걷고 맙니다.

인간의 타락은 세 가지 부정적인 결과를 낳게 되었습니다. 첫째로, 인간은 하나님을 뵐 수 있는 능력을 상실했습니다. 그래서 지금 인간은 하나님이 어디 계시냐며 조롱하고 있습니다. 둘째로, 인간은 하나님의 형상을 왜곡하고 더럽혀 버렸습니다. 그래서 인간은 하나님을 본 받아 하나님의 사랑과 용서를 베푸는 것이 아니라 악하고 이기적인 존재가 되었습니다. 셋째로, 인간은 하나님과의 교제를 상실했습니다. 결국 인간은 허물과 죄로 죽은 존재가 되고 말았습니다.

3) 구속

하나님은 거룩하신 분이기 때문에 죄에 대하여 진노하시지만, 동시에 사랑과 자비가 충만하신 분이기에 타락한 인간을 그냥 버려두지 않으십니다. 성경은 계속하여 인간의 타락과 하나님의 구속을 다루고 있습니다. 인간은 끊임없이 하나님 곁을 떠나려고 하지만 하나님은 끝까지 인간을 추적하여 구속하십니다. 사랑과 자비가 풍성하신 하나님은 선지자를 보내서 그 사랑을 전하시다가 마지막 순간에는 직접 성육신하셔서 십자가에 못 박히시고 부활하심으로써 인간에게 하나님의 형상을 회복시켜 주셨습니다. 그래서 성경은 측량할 수 없는 사랑을 베푸신 하나님의 이야기이자, 동시에 아무런 자격이 없는 자로서 엄청난 사랑을 입은 우리 인간의 이야기이기도 한 것입니다.

4) 완성

예수 그리스도의 죽으심과 부활, 그리고 성령의 역사를 통해 시작된 인간의 구원은 이제 궁극적으로 완성될 것입니다. 성경이 다른 책과 근본적으로 다른 것은 바로 '완성'이 있다는 사실입니다. 성경은 우리에게 소망으로 가득 찬 영광스러운 결말이 있다는 사실을 가르쳐 줍니다. 예수님은 이렇게 말씀하셨습니다. "나는 부활이요 생명이니 나를 믿는 자는 죽어도 살겠고 무릇 살아서 나를 믿는 자는 영원히 죽지 아니하리라(요한복음 11:24-25)" 성경의 마지막 장은 우리에게 부활의 소망이 있다는 사실을 가르쳐 줍니다. 그래서 하나님께서 이 모든 것을 완성하시는 날, 하나님을 대적하는 세력들은 모두 최후를 맞을 것이며, 하나님은 이 모든 피조세계를 새 하늘과 새 땅으로 회복시킬 것입니다. "또 내가 새 하늘과 새 땅을 보니 처음 하늘과 처음 땅이 없어졌고 바다도 다시 있지 않더라(요한계시록 21:1)."

4. 성경의 목적

성경의 최종적 저자인 하나님께서 우리에게 성경을 주신 목적은 무엇입니까? (요 20:31, 딤후 3:16-17)

1) 구원

성경을 주신 목적은 아주 분명합니다. 우리가 예수님을 하나님의 아들 그리스도, 곧 유일하신 구원자로 믿고 그 이름을 힘입어 영원한 생명을 얻게 하기 위함인 것입니다.

> 요 20:31 오직 이것을 기록함은 너희로 예수께서 하나님의 아들 그리스도이심을 믿게 하려 함이요 또 너희로 믿고 그 이름을 힘입어 생명을 얻게 하려 함이니라

2) 신앙의 성숙

성경은 교훈과 책망과 바르게 함과 의로 교육하기에 유익한 책입니다. 그러므로 우리에게 성경을 주신 두 번째 목적은 우리를 하나님의 사람으로 온전히 성숙시키는 것입니다. 그래서 성경을 주신 목적은 첫째는 구원이고 둘째는 영적인 성숙입니다.

> 디모데후서 3:16-17 16모든 성경은 하나님의 감동으로 된 것으로 교훈과 책망과 바르게 함과 의로 교육하기에 유익하니 17이는 하나님의 사람으로 온전하게 하며 모든 선한 일을 행할 능력을 갖추게 하려 함이라

5. 성경의 해석

성경을 읽다보면 이해하기 어려운 말씀이 많이 있습니다. 많은 성도들이 성경을 읽어보려고 하다가 그런 어려운 말씀을 보고 쉽게 포기해 버립니다. 혹은 억지로 해석하다가 잘못된 사상에 빠지기도 합니다. 그러므로 성경을 바르게 이해하기 위한 해석학적 원리들을 알아야 할 필요가 있습니다. 성경을 해석하는 데는 다음과 같은 몇 가지 해석학적 원리가 있습니다.

첫째, 성경은 성령의 감동으로 된 것이기 때문에 성경을 해석할 때도 성령님을 의지해야 합니다. 성령님은 거듭난 그리스도인들에게 하나님의 말씀을 깨닫게 해 주십니다. 겸손한 자에게 빛을 비추어 주시고 순종하는 자에게 말씀을 깨달을 수 있는 능력을 주십니다. 그러므로 성경을 읽을 때는 언제나 성령님의 도우심을 구해야 합니다.

둘째, 성경을 해석할 때는 자연스러운 뜻을 찾아야 합니다. 성경이 하나님의 말씀인 것은 사실이지만 동시에 성경은 분명히 우리 인간의 언어로 기록되어 있습니다. 하나님께서 우리에게 성경말씀을 주실 때는 우리가 읽고 깨닫게 하려는 것이지 이해하지 못하도록 숨기기 위한 것이 아닙니다. 그러므로 가장 자연스러운 해석이 가장 정확한 해석입니다. 성경을 보다 쉽고 자연스럽게 이해하려면 다양한 번역판을 이용하는 것이 좋습니다. 요즘은 우리 말 성경도 다양한 번역이 있습니다. 먼저 개역은 가장 전통적이고 원문에 가까운 번역이라고 볼 수 있습니다. 다만 옛날 언어로 되어 있어서 이해하기가 어렵습니다. 그래서 요즘 한국교회에서는 상대적으로 현대어로 고친 개역 개정판을 사용하고 있습니다.

표준새번역은 다음 세대를 생각하여 현대적인 언어로 번역한 것입니다. 표준새번역은 원문에도 가까우면서 현대인들이 이해하기 쉬운 언어로 번역되어 있습니다. 그 보다 더 쉽게 번역된 것은 현대인의 성경입니다. 현대인의 성경은 원문을 이해하기 쉽게 의역한 것입니다. 그러므로 이해하기 쉽게 읽으려면 현대인의 성경을 읽는 것이 좋습니다. 그 외에도 New International Version(NIV)이나 New American Standard Bible(NASB) 같은 영어성경을 활용할 수 있는 분들은 함께 읽으시면 더욱 좋습니다. NIV가 현대 미국인들이 쉽게 읽도록 의미번역에 치중한 것이라면 NASB는 거의 원문에 가깝게 직역한 것입니다. 이런 다양한 성경번역을 활용하여 읽으면서 자연스러운 해석을 택하시는 것이 가장 좋습니다.

또한 성경을 자연스럽게 해석한다는 것은 성경을 각각의 문학적 장르에 따라서 이해한다는 것입니다. 성경은 율법, 역사, 시, 예언, 편지 등 다양한 문학적 장르에 따라 기록되어 있습니다. 그러므로 성경을 읽을 때는 그런 장르에 따라서 이해해야 합니다. 시를 읽을 때는 시를 대하는 자세로 읽어야 합니다. 편지를 읽을 때는 편지를 받는 독자의 입장에서 읽어야 합니다. 그렇게 문학적 장르에 따라서 자연스럽게 이해하는 것이 바람직합니다.

셋째, 성경을 해석할 때는 우선 성경 본래의 뜻을 생각해야 합니다. 이것은 다른 말로 역사적인 해석이라고 할 수 있습니다. 성경을 바르게 해석하려면 그 성경이 처음 기록될 때의 역사적 상황과 저자의 의도 등을 염두에 두고 읽어야 합니다. 성경이 처음 기록될 때 의미한 바가 무엇인지 알아야 오늘 우리의 상황에 정확하게 적용할 수 있습니다. 요즘에는 스터디 바이블 등에서 그런 기본적인 배경들을 잘 다루고 있기 때문에 집에 좋은 스터디 바이블을 두고 각 책을 읽기 전에 그런 내용을 먼저 읽고 성경을 읽으면 도움이 됩니다.

넷째, 성경의 특정한 구절을 해석할 때는 성경 전체와 조화가 되도록 해석해야 합니다. 성경은 성경으로 해석한다는 말이 있습니다. 모호한 말씀은 분명한 말씀으로 해석하고 구약은 신약과의 연관성 속에서 해석해야 합니다. 성경의 어떤 특정한 구절을 해석할 때는 반드시 다른 구절과 상호 모순이 되지 않도록 해석해야 합니다. 그렇지 않으면 이단적인 신앙에 빠질 수도 있습니다.

그리스도인들이 성경을 대할 때 어떤 태도로 대하는 것이 옳은 것일까요?(계 1:3)

성경은 인간을 향한 하나님의 계시의 말씀이기 때문에 소중하게 여겨야 합니다. 성경을 소중하게 여기는 방법은 두 가지가 있습니다. 한 가지는 성경을 보물단지처럼 대하는 태도입니다. 다른 종교 가운데는 자신들의 경전을 잘 모셔 두고 소중하게 여기는 사람들이 있습니다. 그러나 우리 그리스도인들이 성경을 소중하게 여긴다는 것은 그런 의미가 아닙니다. 우리가 성경을 소중하게 여긴다는 것은 성경을 늘 읽고 순종할 우리 삶의 표준(Canon, ruler)으로 대한다는 뜻입니다.

> 요한계시록 1:3 이 예언의 말씀을 읽는 자와 듣는 자와 그 가운데에 기록한 것을 지키는 자는 복이 있나니 때가 가까움이라

이 말씀은 우리가 성경을 어떻게 대해야 할 것인가를 잘 요약하고 있습니다. 여기서 읽는 것과 듣는 것은 오늘날로 말하면 둘 다 같은 것을 가리키는 것입니다. 당시에는 지금처럼 누구나 자유롭게 성경을 읽을 수가 없었기 때문에 한 사람이 큰 소리로 읽으면 나머지 사람들은 듣는 방식으로 성경을 읽었습니다. 그러므로 오늘날로 말하면 이 말씀을 읽는 자와 순종하는 자가 복이 있다는 것입니다. 성경을 읽기만 하면 되는 것이 아닙니다. 성경은 읽고 그 말씀대로 실천할 때 능력이 있습니다. R. A. 토레이는 이렇게 말했습니다. "성경을 번역하는 방법은 많이 있다. 하지만, 이 세상에서 가장 위대한 성경번역은 내 삶으로 성경을 직접 번역하는 것이다."

그렇다면 이제 우리는 어떻게 성경을 읽고 묵상해야 합니까?

성경을 읽는 방식은 크게 나누면 통독과 정독이 있습니다. 성경을 읽는 첫 번째 방법은 성경을 통독하는 것입니다. 성경을 통독한다는 것은 처음부터 끝까지 마치 소설을 읽듯이 쭉 읽어나가는 것입니다. 성경을 통독하면 성경의 흐름을 쉽게 파악할 수 있습니다. 나무를 보기는 어렵지만 숲 전체를 볼 수 있다는 장점이 있습니다. 다만 성경을 통독하실 때는 무조건 읽는 것보다는 각 책의 핵심적인 내용이

무엇인지 미리 파악하고 읽는 것이 좋습니다. 요즘에는 스터디 바이블에 각 책의 기본적인 내용이 잘 설명되어 있습니다. 또한 경건의 시간(QT) 교재에도 각 책에 대한 개론적인 설명이 잘 되어 있습니다. 그런 내용을 미리 읽고 통독을 하시면 성경의 내용을 파악하는데 큰 도움이 됩니다. 맥체인 성경읽기와 같은 도표를 사용하여 매일 할당된 분량을 읽는 것도 좋습니다. 성경을 읽는 두 번째 방법은 성경을 정독하는 것입니다. 정독은 짧은 분량을 보다 자세하게 읽고 묵상하는 것을 가리킵니다. 성경을 정독하는 데는 다양한 방법이 있습니다.

성경정독의 방법

1) 경건의 시간

가장 대표적인 것은 흔히 QT라고 말하는 경건의 시간입니다. 경건의 시간을 할 때는 하루에 불과 10-20절 정도를 자세히 읽고 묵상합니다. 정독을 하면 통독할 때는 느끼지 못했던 부분을 깨닫게 되고, 보다 구체적으로 우리의 삶에 말씀을 적용할 수 있는 장점이 있습니다. 저는 여러분 모두가 매일 경건의 시간을 할 수 있기를 바랍니다. 새벽기도회에 참석하여 경건의 시간을 하는 것도 좋은 방법입니다. 그 외에도 요즘은 인터넷에서 경건의 시간에 매일 참여할 수 있도록 잘 안내하고 있습니다. 자신이 할 수 있는 방법을 택해서 매일 짧은 구절을 묵상하고 적용한다면 우리의 영적인 삶에 큰 유익이 있을 것입니다.

2) 책별성경공부

정독의 방법 중에 두 번째는 성경을 각 책별로 체계적으로 공부하는 것입니다. 우리 교회의 수요예배에서는 거의 항상 책별로 깊이 있게 성경을 강해하고 있습니다. 또한 목자대학에서도 매 학기 한 두 과목씩 책별공부를 개설하고 있습니다. 그런 과정에 참여하여 공부하시면 성경을 각 책별로 깊이 있게 공부할 수 있습니다.

3) 성경암송

성경을 정독하는 세 번째 방법은 성경을 암송하는 것입니다. 성경암송은 단순히 머리로 성경구절을 외운다는 의미만 있는 것이 아닙니다. 성경을 암송하려면 수 없이 읽고 묵상하게 됩니다. 그 과정에서 그 말씀의 의미를 깊이 깨닫고 이해하게 됩니다. 그렇게 해서 암송된 말씀은 완전히 소화되어서 내 것이 됩니다. 그리고 언제든지 적절한 상황이 주어지면 성령께서 그 말씀을 통하여 내게 응답하십니다. 말씀을 암송해 보면 말로 다 표현할 수 없는 유익이 있습니다. 성경암송은 머리로 하는 것이 아니라 마음과 열정으로 하는 것입니다. 암송하겠다는 마음만 있으면 얼마든지 할 수 있습니다. 성경을 읽다가 은혜로운 구절이 나오면 작은 종이에 옮겨 적고 외워보십시오. 또 서점에 있는 암송카드를 활용하여 성경구절을 외워보십시오. 암송한 말씀이야말로 진정한 성령의 검입니다.

닫는 말

시편기자는 시편 119:105에서 "주의 말씀은 내 발의 등이요 내 길에 빛이라"고 고백했습니다. 시편 119:11에서는 "내가 주께 범죄하지 아니하려고 주의 말씀을 내 마음에 두었다"고 했습니다. 시편 19:7-8에서는 이렇게 말했습니다. "여호와의 율법은 완전하여 영혼을 소성시키며 여호와의 증거는 확실하여 우둔한 자를 지혜롭게 하며 여호와의 교훈은 정직하여 마음을 기쁘게 하고 여호와의 계명은 순결하여 눈을 밝게 하시도다."

성경을 읽는 것은 일종의 습관입니다. 습관 중에서도 거룩한 습관입니다. 우리는 흔히 습관적으로 무엇을 한다는 말을 부정적으로 사용합니다. 그러나 습관을 따라 성경을 읽는 것은 참으로 아름답고 거룩한 습관입니다. 그러므로 성경을 읽고 묵상하는 습관을 들이십시오. 공부하는 것도 습관입니다. 늘 책을 읽는 좋은 습관을 갖고 있어야 공부를 잘 합니다. 성경을 읽는 것도 마찬가지입니다. 늘 성경을 가까이하는 좋은 습관, 거룩한 습관을 만드시기를 바랍니다. 그럴 때, 성령께서 여러분의 영혼을 소성시키고, 참된 지혜를 주시며, 마음을 기쁘게 하고 눈을 밝게 해 주실 것입니다. 그리고 결국 여러분을 영생의 길로 인도할 것입니다.

미국유학을 마쳐갈 즈음에 저는 인생의 진로를 놓고 많은 고민을 하였습니다. 당시 저의 고민은 크게 두 가지 였습니다. 한 가지는 한국으로 돌아가서 목회하는 것이고, 또 한 가지는 미국에 남아서 학자가 되거나 목회를 하는 것이었습니다. 처음에는 당연히 한국으로 돌아가야 한다고 생각했는데, 시간이 흐를수록 저의 개인적인 상황에 따라 미국에 남는 것에 관심을 두게 되었습니다. 당시 저는 박사학위를 마쳤지만 함께 공부하던 아내는 아직 학위를 마치지 못한 상태였습니다.

그런 아내에게 공부를 마칠 기회를 주고 싶었습니다. 또한 이제 막 초등학교에 다니기 시작한 큰 아들과 다섯 살짜리 작은 아들에게 좀 더 미국에 머물면서 영어를 배우게 해 주고 싶은 생각이 들었습니다. 만약 제가 학교나 한인교회의 제안을 받아들여 미국에 머문다면 그 모든 일이 다 해결될 수 있을 것 같았습니다. 그렇지만 왠지 하나님의 뜻에 합당하지 않다는 생각도 하게 되었습니다. 그런 고민을 안고 켄터키 루이빌에 있는 남침례교신학교에 학교의 연구소 일로 출장을 가게 되었습니다.

그 곳에 머무는 일주일 동안 목회서신(디모데전후서와 디도서)을 집중적으로 묵상하면서 하나님의 뜻을 구했습니다. 그러던 어느 날 하나님께서는 디모데후서 2:4의 말씀을 제 마음에 비수처럼 꽂아 주셨습니다. "병사로 복무하는 자는 자기 생활에 얽매이는 자가 하나도 없나니 이는 병사로 모집한 자를 기쁘게 하려 함이라" 그 날부터 그 말씀이 제 마음에서 떠나지 않았습니다. 가만히 그 말씀의 의미를 제 상황에 적용해 보았습니다. 생각해 보니 아내의 학업이나 아이들의 영어공부는 모두 제 생활이었습니다. 말하자면 당시 저는 자기 생활에 얽매여 인생의 진로를 결정하려는 어리석음을 범하고 있었습니다. 그 후 하나님은 환경을 통해서 다시 한 번 한국으로 돌아갈 것을 명하셨습니다. 아내의 학업 때문에 한국으로 가는 것을 미루고 있었는데 아내가 급성 A형간염으로 쓰러진 것입니다. 그 순간 저는 모든 것을 다 내려놓고 한국으로 돌아가기로 결정하였습니다. 그리스도의 군사로서 군대의 대장께서 쓰시고자 하는 곳으로 가기로 결정한 것입니다. 그 후 지금까지도 저는 그 때의 결정이 제 인생에서 가장 바른 결정이었다고 생각합니다. 하나님께서 말씀으로 명확하게 저의 갈 길을 제시해 주었기 때문입니다. 하나님의 말씀은 그런 것입니다.

우리는 우리의 미래를 다 알지 못하지만 하나님은 모든 것을 다 아십니다. 모든 것을 다 아시는 하나님께서는 그 분의 말씀으로 우리 삶을 인도하시기를 원하십니다. 그러므로 하나님의 말씀을 여러분의 인생에 가장 소중한 가르침으로 삼으시기 바랍니다. 여러분이 말씀을 지키면 말씀이 여러분을 지켜줄 것입니다. 이 책을 공부하는 분들마다 말씀의 사람이 되어 진리의 말씀, 생명의 말씀을 따라 참된 진리를 따르고 영원한 생명을 누리시기를 기원합니다.

복습을 위한 질문

1 성경은 참으로 특별한 책입니다. 그렇다면 성경은 어떤 면에서 특별할까요? 성경의 특별한 점, 네 가지를 말해보십시오.

2 성경은 어떻게 구성되어 있습니까?

3 성경의 큰 주제, 네 가지를 말해보십시오.

4 성경의 목적, 두 가지를 말해보십시오.

5 성경을 해석하는 네 가지 원리를 말해보십시오.

6 요한계시록 1:3을 찾아서 읽고 성경을 대하는 바른 태도, 두 가지를 말해 보십시오.

7 성경을 읽는 두 가지 방법을 말해보십시오.

8 이 장을 공부하면서 성경에 대하여 그 동안 잘 몰랐다가 깨닫게 된 것을 한 가지만 말해보십시오.

9 그 동안 살면서 하나님의 말씀인 성경의 인도에 순종하여 큰 은혜를 누렸던 경험이 있다면 서로 나누어 보십시오.

제4장 기도

여는 말

성 바질(St. Basil) "기도하기 위해 새벽에 일어나고 찬송가와 아가(雅歌)속에 조물주를 찬양하는 일은 얼마나 행복한가? 그리고 마지막 태양이 떠오르게 되면 기도와 찬송을 부르며 노동에 전념하는 일은 얼마나 행복한가?"

마틴 루터(Martin Luther) "내가 매일 새벽 두 시간을 기도로 보내지 않는다면 그날의 승리는 마귀에게로 돌아갈 것이다. 나는 너무나 할 일이 많기 때문에 매일 세 시간을 기도로 보내지 않으면 결코 이 일을 지탱해 나갈 수 없다."

존 칼빈(John Calvin) "기도가 얼마나 필요한 것이며, 또한 직접 기도하는 것이 얼마나 여러 가지로 유용한가를 말로서는 도저히 설명할 수 없다."

존 웨슬리(John Wesley) "그는 88세까지 살면서 생애동안 50년 가까이 말을 타고 40만 킬로미터 이상을 여행했고, 4,200회에 달하는 설교를 하였으며, 200권이 넘는 책을 저술하였다. 이것은 그의 건강을 말해주는데 그는 그 원인 가운데 한 가지가 50년 이상을 새벽 4시에 기도와 설교를 계속한 덕분이라고 그의 일기에서 적고 있다."

데이비스(G. T. B. Davies, 한국 선교사) "한국인들은 영혼을 위해 매우 열심히 기도하고 있다. 그들의 독실하고 진지한 신앙은 기독교 국가인 우리들을 부끄럽게 한다. 지난 겨울 송도에서 부흥회가 몇 차례 있었는데, 교인들은 으레 밤 집회 후에는 산에 올라가서 얼어붙은 맨 땅에 엎드려 성령강림을 위해 하나님께 울며 기도하였다. 재령에서는 매일 새벽 5시 반이 되면 몇몇 한인들이 내가 유숙하던 사택에 찾아와 한 시간 동안 기도하였다. 평양에서는 길 목사와 장로 한 사람이 교회당에 와서 새벽기도를 드리는 습관을 가졌다. 길 목사는 '누구든지 원하면 며칠 동안 새벽 4시 반에 모여 기도할 수 있다.'고 알렸다. 그 이튿날에는 사람들이 더 많이 모여 4시 반경에는 400명에 이르렀다."

마틴 로이드 존스 "사람이 무릎을 꿇었을 때 가장 높은 경지의 위대함이 나타난다."

예수 그리스도를 믿은 후 신앙이 잘 성장하려면 하나님과 인격적 교제를 나누어야 합니다. 하나님과 인격적 교제를 나누기 위해서는 성경을 통하여 하나님의 뜻을 알고, 기도를 통하여 하나님의 뜻에 반응해야 합니다. 성경과 기도는 하나님과의 교제를 위하여 반드시 필요한 두 가지 요소입니다. 그래서 지난 주에는 성경에 대해 공부했고, 이번 주에는 기도에 대해서 공부합니다.

1. 기도에 대해 알아야 할 기본적 사실

기도란 무엇일까요?

기도는 한 마디로 말하면 '하나님과의 대화'입니다. 우리는 기도를 통해서 하나님께 우리의 생각을 말씀드리고, 기도하는 가운데 하나님의 말씀을 듣습니다. 사실 성경은 정확히 기도가 이런 것이라고 정의하지는 않습니다. 그러나 예수님의 기도를 보면 기도가 결국 '하나님과의 대화'라는 것을 알 수 있습니다. 복음서를 보면 예수님은 자주 자신의 생각을 하나님께 아뢰고, 기도하는 중에 하나님의 음성에 귀를 기울이셨습니다. 겟세마네 동산에서 십자가를 앞두고 기도하실 때, 예수님은 "할 수 있거든 이 잔을 지나가게 해 달라"고 간구하셨습니다. 그러나 기도하는 가운데 하나님의 뜻을 깨닫고 십자가의 길을 가십니다. 이와같이 기도는 '하나님과의 대화' 입니다.

기도를 '하나님과의 대화' 라고 정의할 때, 우리는 왜 하나님께 기도해야 하는가를 알 수 있습니다. 부부관계를 생각하면 쉽게 이해할 수 있습니다. 예를 들면 대화가 없어도, 부부는 부부입니다. 그러나 대화가 없는 부부는 관계에 심각한 문제가 생긴 부부입니다. 하나님과의 관계도 마찬가지입니다. 하나님과 바른 관계를 맺으려면 '기도' 해야 합니다. 대화를 통해서 관계가 더욱 성숙하기 때문입니다.

여기서 우리는 기도와 성경묵상이 서로 관계가 있다는 것을 알 수 있습니다. 하나님은 이미 성경을 통해서 자신을 계시하셨습니다. 그러므로 우리가 하나님께 기도하면 하나님은 성경을 통해서 우리에게 말씀하십니다. 그러나 기록된 성경이 모두 우리 자신이 응답받은 말씀이라고 할 수는 없습니다. 우리가 하나님께 기도하면 하나님은 '특정한 말씀'으로 우리에게 응답하십니다. 그럴 때 비로소 '그 말씀' 이 내게 '응답된 말씀' 이 되는 것입니다.

누가 하나님께 기도할 수 있습니까?

> 마태복음 7:7-11 7구하라 그러면 너희에게 주실 것이요 찾으라 그러면 찾아낼 것이요 문을 두드리라 그러면 너희에게 열릴 것이니 8구하는 이마다 받을 것이요 찾는 이는 찾아낼 것이요 두드리는 이에게는 열릴 것이니라. 9너희 중에 누가 아들이 떡을 달라 하는데 돌을 주며 10생선을 달라 하는데 뱀을 줄 사람이 있겠느냐 11너희가 악한 자라도 좋은 것으로 자식에게 줄 줄 알거든 하물며 하늘에 계신 너희 아버지께서 구하는 자에게 좋은 것으로 주시지 않겠느냐

기도는 하나님의 자녀라면 누구나 할 수 있습니다. 마태복음 7:7은 이제 믿지 않는 사람도 거의 아는 유명한 말씀입니다. "구하라 그리하면 너희에게 주실 것

이요 찾으라 그리하면 찾아낼 것이요 문을 두드리라 그리하면 너희에게 열릴 것이니" 어떤 사람들은 이 말씀을 도깨비 방망이처럼 생각합니다. 그러나 이 약속의 말씀이 이루어지려면 분명한 전제가 있습니다. 마태복음 7:9-11은 이렇게 기록되어 있습니다. "너희 중에 누가 아들이 떡을 달라 하는데 돌을 주며 생선을 달라 하는데 뱀을 줄 사람이 있겠느냐 너희가 악한 자라도 좋은 것으로 자식에게 줄 줄 알거든 하물며 하늘에 계신 너희 아버지께서 구하는 자에게 좋은 것으로 주시지 않겠느냐?" 이 말씀에 따른다면 구하라, 찾으라, 두드리라는 말씀은 다른 사람이 아니라 하나님의 자녀인 우리에게 주신 말씀입니다. 믿지 않는 사람들도 기도할 수는 있습니다. 그러나 그들에게는 분명한 기도응답의 약속이 주어져 있지 않습니다. 구하면 주시고, 찾으면 찾고, 두드리면 열린다는 말씀은 하나님의 자녀들에게 주신 신실하신 하나님의 약속의 말씀입니다.

그렇다면 우리는 무엇을 기도해야 할까요?

신앙이 자라가면서 우리는 더욱 하나님의 뜻에 합한 기도를 드려야 할 것입니다. 그러나 신앙의 초보단계에서는 무엇이든지 기도해도 됩니다. 물론 무엇이든지 기도할 수 있다는 말이 불법적인 것이나, 혹은 내 이익을 위해서 남에게 피해를 주는 것까지 기도할 수 있다는 말은 아닙니다. 하지만 초신자에게 기도를 너무 제한하면 기도하는 것을 지나치게 어려워하여 기도하지 않게 되는 경우가 많습니다. 그래서 저는 처음에는 자유롭게 무엇이든지 기도하라고 가르칩니다. 어린아이는 처음에 부모에게 무엇이든지 요구합니다. 그러나 성장하면서 자연스럽게 요구사항이 바뀝니다. 기도생활도 마찬가지입니다. 처음에는 무엇이든지 기도하지만, 하나님을 깊이 알아가면서 점점 더 하나님의 뜻에 합한 기도를 드리게 되는 것입니다. 기도하는 과정 가운데 일종의 기도의 성화가 이루어지는 것입니다.

언제 우리는 기도해야 할까요?

데살로니가전서 5:17 쉬지 말고 기도하라

> 로마서 12:12 소망 중에 즐거워하며 환난 중에 참으며 기도에 항상 힘쓰며
> 누가복음 18:1 예수께서 그들에게 항상 기도하고 낙심하지 말아야 할 것을 비유로 말씀하여

우리가 기도해야 하는 때는 참 다양합니다. 낙심했을 때도 기도해야 하고, 시험에 빠졌을 때도 기도해야 합니다. 그러나 이 모든 것을 압축하여 보여주는 말씀이 있습니다. 데살로니가전서 5:17은 쉬지 말고 기도하라고 가르칩니다. 그렇다면 "쉬지 말고 기도하라"는 말은 구체적으로 무슨 뜻일까요? 우선 이 말씀은 문자적으로 아무것도 하지 말고 기도만 하라는 말씀은 아닙니다. 그렇다면 우리는 잠도 자지 말고 기도만 해야 할 것입니다. 로마서 12:12은 "기도에 항상 힘쓰라"고 했습니다. 누가복음 18:1에서 예수님은 "항상 기도하고 낙심하지 말라"고 했습니다.

이런 구절들은 쉬지 말고 기도하라는 말씀의 의미를 깨닫는데 도움을 줍니다. 쉬지 말고 기도하려면 우리는 먼저 매일 기도해야 합니다. 기도시간을 정해 놓고 일정하게 지속적으로 기도해야 합니다. 동시에 기도하기 어려운 순간에도 기도해야 합니다. 기도하기 어려운 순간이란 어떤 때입니까? 사람은 의외로 너무 평안하면 기도하지 않는 경향이 있습니다. 그런 사람에게 기도하기 어려운 순간은 평안한 때일 것입니다. 또한 어떤 사람들은 너무 낙심되는 상황을 만나면 기도하지 않는 경우도 있습니다. 그런 사람에게는 낙심되는 상황이 기도하기 어려운 순간입니다. 쉬지 말고 기도하라는 것은 기도하기 어려운 순간에도 기도하라는 것입니다. 그래서 로마서 12:12은 "기도에 항상 힘쓰라"고 한 것입니다.

그러므로 매일 정기적으로 기도하십시오. 너무 평안하십니까? 그래도 기도하십시오. 너무 힘들고 낙심이 됩니까? 그래도 기도하십시오. 언제 어디서나 어떤 상황에 있든지 기도하기를 항상 힘쓰십시오. 평안한 때에는 감사함으로 기도하고, 위급한 때에는 간절함으로 기도하실 수 있기를 바랍니다. 기도는 해야 할 때가 따로 있는 것이 아닙니다. 말씀 그대로 우리는 '쉬지 말고' 기도해야 합니다.

2. 주기도문을 통해서 배우는 기도

주기도문은 예수님께서 우리에게 가르쳐주신 모범기도입니다. 그래서 저는 이 시간에 주기도문을 통해서 우리가 무엇을 기도할 것인가를 함께 살펴보려고 합니다.

1) 하늘에 계신 우리 아버지여 이름이 거룩히 여김을 받으시오며

기도할 때 제일 먼저 할 것은 하나님의 이름을 높이고 찬양하는 것입니다. 하나님의 이름을 찬양할 때는 두 가지 요소가 필요합니다. 먼저 하나님은 하늘에 계신 분입니다. 다시 말해서 우리 인간과는 구별된 거룩한 존재입니다. 그러므로 기도할 때는 하나님이 거룩하신 초월자라는 사실을 늘 기억하고 그 하나님을 찬양해야 합니다. 동시에 그 하나님은 우리를 사랑하시는 우리의 친밀한 아버지입니다.

우리 하나님은 단지 저 하늘에 홀로 높이 계시기만 한 분이 아닙니다. 그 분은 늘 우리 곁에서 우리와 함께 계시는 친밀한 우리의 아버지입니다. 그래서 성경은 하나님을 '아바' 라고 부릅니다. '아바' 란 아버지를 친밀하게 부르는 아람어입니다.

기도할 때 우리는 하나님의 이 두 가지 속성인 초월성과 내재성을 함께 찬양해야 합니다. 거룩하신 하나님이 우리와 함께 하시는 우리의 아버지라는 사실을 인하여 하나님을 찬양해야 합니다. 그래서 예수님은 "하늘에 계신 우리 아버지여 이름이 거룩히 여김을 받으소서" 하고 기도하라고 가르치신 것입니다.

2) 나라가 임하시오며 뜻이 하늘에서 이루어진 것 같이 땅에서도 이루어지이다.

우리가 두 번째로 기도할 것은 하나님의 나라가 이 땅에 이루어지는 것입니다. 하늘에서는 이미 하나님의 뜻이 온전히 이루어졌습니다. 그러나 이 땅은 아직도 하나님의 온전하신 통치를 받지 않고 있습니다. 그러므로 하나님의 자녀인 우리는 마땅히 이 땅이 하나님의 뜻이 이루어지는 하나님의 나라가 되도록 기도해야 합니다. 이 기도는 추상적으로 할 것이 아니라 구체적으로 해야 합니다. 하나님의 뜻이 이 땅에 이루어지도록 구체적으로 기도하려면 많은 기도제목이 필요합니다. 아직도 전혀 복음을 들어보지 못한 사람들에게 복음이 전파될 수 있도록 선교를 위해서 기도해야 합니다. 또한 이 세계의 평화를 위해서도 기도해야 합니다. 이 세상 곳곳에서 끊임없이 벌어지고 있는 전쟁이 속히 종식되고 이 땅에 참 평화가 임하도록 기도해야 합니다. 아울러 우리나라가 더욱 안정된 복지국가가 될 수 있도록 기도해야 합니다. 이런 식으로 기도하다 보면 기도할 제목이 참 많다는 사실을 알 수 있습니다. 이와같이 우리는 늘 하나님의 나라가 이 땅에 구체적으로 임하도록 기도해야 합니다.

3) 오늘 우리에게 일용할 양식을 주시옵고

아마 어떤 분들은 아직도 우리가 일용할 양식을 구해야 한다는 사실을 이상하게 생각할지 모릅니다. 왜냐하면 이제 많은 사람들이 적어도 오늘 먹을 양식 정도는 가지고 있기 때문입니다. 그렇다면 오늘 먹을 양식 정도는 갖고 있는 사람들에게 이 기도는 어떤 의미를 가질까요? 첫째로, 우리가 기도할 것은 나 한 사람의 일용할 양식이 아니라 우리 모두의 일용할 양식입니다. 이 땅에는 아직도 일용할 양식이 없어서 고통당하는 우리 이웃들이 많이 있습니다. 우리 그리스도인들은 지금도 일용할 양식이 없어서 고통 당하는 사람들을 위해 기도해야 합니다. 가깝게는 우리나라의 가난한 사람들로부터 북한의 주민들, 멀리는 저 아프리카 대륙의 사람들에게도 날마다의 일용할 양식이 있도록 기도해야 합니다. 둘째로, 매일 일용할 양식을 구하는 기도의 또 다른 의미는 일용할 양식이 있으면 그것으로 족한 줄 알라는 것입니다. 예수님께서 이 기도를 가르쳐 주실 때는 실제로 일용할 양식이 없는 사람들이 많이 있었습니다. 그러므로 일용할 양식이 없다면 일용할 양식을 달라고 기도하셔야 합니다. 만약 일용할 양식이 있다면 매끼 식사할 때마다 일용할 양식이 있는 것을 늘 감사하면서 사셔야 합니다. 연용할 양식, 더 나아가 평생 먹을 양식을 축적하려는 탐욕을 경계하며 오늘의 삶과 오늘의 양식에 감사하는 기도를 드리십시오.

4) 우리가 우리에게 죄 지은 자를 사하여 준 것 같이 우리 죄를 사하여 주시옵고

이 기도는 한 마디로 회개의 기도입니다. 우리는 하나님께 날마다 우리 죄를 용서해 달라고 기도해야 합니다. 그런데 이 회개기도는 우리에게 다른 사람을 용서해 줄 것을 요구하고 있습니다. 우리가 우리에게 죄 지은 사람을 용서하여 준 것처럼 우리 죄를 용서해 달라는 것입니다. 우리의 회개가 진정한 회개가 되려면 하나님께서 우리를 용서해 주신 것처럼 우리도 다른 이를 용서해야 합니다. 내가 다른 이를 적극적으로 용서하면서 내 죄를 용서해 달라고 기도할 때, 하나님의 용서가 이 땅 가운데 흘러넘치게 될 것입니다.

5) 우리를 시험에 들게 하지 마시옵고 다만 악에서 구하옵소서

인간은 참으로 연약한 존재입니다. 하나님의 도우심이 없으면 날마다 죄의 유혹에 빠질 수밖에 없는 참으로 약한 존재입니다. 그러므로 우리는 날마다 시험에 빠지지 않게 해 달라고 기도해야 합니다. 특별히 아침에 기도하실 때마다 자신의 약한 부분을 위해서 기도하시기 바랍니다. 저는 저를 위해 기도할 때 주로 세 가지를 위해서 기도합니다. 그 세 가지는 돈과 이성과 명예입니다. 성경적인 표현으로 말하면 육신의 정욕, 안목의 정욕, 이생의 자랑이라고 할 수 있습니다. 날마다 그런 유혹에 빠지지 않도록 기도하셔야 합니다. 저도 매일 아침, 오늘 하루도 우리 성도들이 삶 속에서 죄의 유혹에 빠지지 않고 승리하며 살기를 기도하고 있습니다.

6) 나라와 권세와 영광이 아버지께 영원히 있사옵나이다.

우리가 마지막으로 기도할 것은 하나님께 영광을 돌리는 것입니다. 기도를 마칠 때는 우리의 창조주이시며 우리 삶을 다스리시는 주권자이신 하나님 앞에 모든 영광을 돌리면서 기도를 마쳐야 합니다.

이제 주기도문이 우리에게 가르쳐주는 기도의 정신을 살펴보겠습니다.

주기도문은 우리에게 크게 세 가지 정신을 가르쳐 줍니다. 첫째, 기도는 공동체적입니다. 주기도문은 계속 '내'가 아니라 '우리'를 강조합니다. 우리는 하늘에 계신 '우리'의 아버지에게 기도해야 합니다. 우리는 '우리 모두'에게 일용할 양식을 주시도록 기도해야 합니다. 우리는 '우리의 죄'를 용서해 주시도록 기도해야 합니다. 둘째, 기도는 행동을 촉구합니다. 날마다 우리 모두에게 일용할 양식을 달라고 기도하는 자는 당연히 일용할 양식이 없는 자를 구제해야 합니다. 우리가 우리에게 죄 지은 자를 용서해 준 것처럼 우리 죄를 용서해 달라고 기도하는 자는 마땅히 이웃의 죄를 용서해야 합니다. 이와같이 우리의 기도는 자연스럽게 행동으로 연결되어야 합니다. 셋째, 참된 기도는 하나님을 중심에 두어야 합니다. 주기도문은 하나님으로 시작하여 하나님으로 끝납니다. 하늘에 계신 아버지를 찬양하고 높이는 것으로 시작하여 하나님께 영광을 돌리면서 끝납니다. 하나님을 중심에 두고 하나님을 찬양하는 것이 우리의 기도가 되고 우리의 삶이 되어야 합니다.

3. 기도의 순서

"저는 아직 기도할 줄을 모릅니다. 어떤 일을 할 때든지 일정한 순서가 있을텐데 기도할 때는 어떤 순서로 해야 할까요?" 기도는 사실 완벽하게 정해진 형식이 있는 것은 아닙니다. 지나치게 기도의 순서에 매일 필요는 없습니다. 그러나 성경에 있는 기도를 보면 대체로 네 가지 순서로 구성되어 있습니다.

1) 찬양(Adoration)
2) 감사(Thanksgiving)
3) 고백(Confession)
4) 간구(Supplication)

위의 네 가지 중에서 감사와 고백은 서로 순서가 바뀌기도 합니다. 그러나 처음에는 찬양, 그리고 나중에는 간구가 나오고, 그 사이에 감사와 고백이 나오는 것이 일반적인 순서입니다. 논리적으로 생각해도 이것은 금방 알 수 있는 일입니다. 하나님께 나아갈 때 먼저 찬양하고, 감사인사를 드리고, 내 죄를 고백하고, 그 후에 필요한 일을 간구하는 것입니다. 이 순서에 너무 얽매일 필요는 없지만 대체로 이런 순서로 기도하는 것이 좋습니다.

4. 기도의 태도

기도할 때는 다음 두 가지 자세로 기도해야 합니다.

첫째, 진실하게 기도하십시오. 복음서를 보면 예수님은 '외식하는 기도'에 대해 가장 강력하게 경고하셨습니다. 외식하는 기도란 위선적인 기도를 가리킵니다. 예수님은 사람에게 보이려고 기도하지 말고 은밀하게 기도하라고 했습니다. 이런 경고의 말씀은 결국 진실하게 기도하라는 것입니다. 그렇다면 어떻게 하면 진실하게 기도할 수 있습니까? 그 비결은 아주 단순합니다. 하나님께서 지금 내 앞에 계시다고 생각하면 됩니다. 사실은 그렇지 않은데 그렇게 생각하라는 말이 아닙니다. 하나님은 실제로 지금 내 앞에 계십니다. 우리의 중심을 아시는 하나님께서 지금 내 앞에 계시다고 생각한다면 어떻게 감히 그 분 앞에서 거짓된 기도를 하겠습니까?

둘째, 간절하게 기도하십시오. 구약성경을 보면 한나는 자식을 달라고 기도할 때 완전히 지쳐서 술에 취한 사람처럼 기도하였습니다. 예수님은 십자가를 앞두고 겟세마네 동산에서 기도하실 때 땀이 핏방울처럼 진하게 되어 떨어질 때까지 기도하셨습니다. 예수님께서 부활하고 승천하신 후 120명의 제자들은 성령을 달라고 10일 동안 기도하였습니다. 또한 성경에는 금식하면서 기도하는 모습도 많이 나옵니다. 이 모든 것이 다 간절한 기도의 표현입니다.

저는 제 아내가 첫 아이를 낳을 때를 잊을 수 없습니다. 5분 간격으로 진통이 오면 병원에 오라고 해서 갔는데 진통은 있지만 아직 아이가 나올 때가 안 되었다고 해서 집으로 돌아왔습니다. 아내는 밤새 집에서 진통하면서 하루를 보냈습니다. 다음 날 아침 일찍 병원에 입원해서 하루 종일 진통이 계속되었습니다. 고통에 울부짖는 아내가 너무 불쌍해서 하나님께 계속 기도하였습니다. 그런데도 진통만 계속될 뿐 아이는 나오지 않았습니다. 그러다가 밤 10시경이 되었습니다. 아내는 그 때까지 약 36시간을 진통하면서 견뎠습니다. 밤 10시경에 의사가 찾아와서 아무래도 수술을 해야 할 것 같다고 하였습니다. 그 말을 듣는 순간 눈물이 왈칵 쏟아졌습니다. 그렇게 긴 시간을 진통하고 수술한다는 것이 너무 안타까웠습니다. 그래서 의사에게 조금만 기다려달라고 사정하고 어머니와 함께 침대를 붙잡고 기도하기 시작하였습니다. 지금까지도 열심히 기도했지만 그 순간에는 정말 간절한 마음으로 울면서 기도하였습니다. 기도를 마치고 나니 마음에 평안과 확신이 생겼습니다. 얼른 간호사를 불러서 아이가 나올 것 같으니 확인해 보라고 하였습니다. 간호사는 금방 내진하고 갔는데 왜 또 부르냐고 투덜거리면서 병실에 왔습니다. 그리고 곧 깜짝 놀라면서 이렇게 외쳤습니다. "어, 다 됐네!" 그 간호사는 곧 의사를 불러서 분만실로 아내를 옮겼고, 분만실로 옮기자마자 첫째 아이가 태어났습니다. 그 날 저는 간절히 기도하는 것이 무엇인지를 배웠습니다. 간절히 기도한다는 것은 내 모든 능력과 의지를 다 내려놓고 하나님께 모든 것을 내맡기는 것입니다. 마치 낭떠러지에 매달린 사람처럼 기도하는 것입니다. 그런 기도가 바로 간절한 기도입니다.

그렇다면 왜 하나님은 우리가 간절하게 기도하실 때 들어주실까요? 하나님은 기도응답을 통하여 우리의 믿음을 키우기를 원하십니다. 그래서 우리가 간절히 기도할 때까지 기다리십니다. 응답 자체도 중요하지만 그 응답을 통해서 하나님을 더욱 깊이 알고 경험하게 하려는 것입니다. 그러므로 기도는 간절히 해야 합니다. "지금까지는 너희가 내 이름으로 아무것도 구하지 아니하였으나 구하라 그리하면 받으리니 너희 기쁨이 충만하리라(요 16:24)."

어떤 분들은 믿음으로 기도하면 무엇이든지 응답된다고 하는데 정말로 그럴까요? 기도하면 무엇이든지 다 응답될까요?

> 야고보서 4:2-3 ²너희가 얻지 못함은 구하지 아니함이요 ³구하여도 얻지 못함은 정욕으로 쓰려고 잘못 구함이라

결론부터 말씀드리면 그렇지 않습니다. 분명히 응답되지 않는 기도도 있습니다. 물론 '아니오'라는 응답도 응답이라고 한다면 모든 것이 응답된다고 볼 수도 있습니다. 그러나 우리가 기도한대로 응답된 것만을 응답이라고 본다면 분명히 응답되지 않는 기도도 있습니다.

그렇다면 기도가 응답되지 못하는 이유는 무엇 때문일까요? 크게 보면 두 가지 이유가 있습니다. 첫째는 우리의 죄 때문이고, 둘째는 우리를 향한 하나님의 더 크신 계획이 있기 때문입니다. 그러므로 기도가 응답되지 않을 때는 먼저 하나님 앞에 범죄한 것이 있는가 찾아보십시오. 그런 것이 없다면 하나님의 더 크신 계획이 있을 것으로 믿고 기다리십시오. 어느 날 신학교에 강의하러 갔는데 한 학생이 칠판에 "하나님, 오늘 휴강하게 해 주실 줄로 믿습니다."라고 써 놓았습니다. 제가 그 순간 그 글을 지우면서 학생들에게 말했습니다. "이런 기도는 응답되지 않습니다." "너희가 얻지 못함은 구하지 아니함이요 구하여도 얻지 못함은 정욕으로 쓰려고 잘못 구함이라(약 4:3-4)" 그러므로 늘 주님의 마음을 품고 우리 주님의 뜻에 합당한 기도를 드리십시오. 그럴 때 내 이름으로 무엇이든지 내게 구하면 시행하리라고 하신 약속의 말씀을 따라 우리의 기도가 분명히 응답될 줄로 믿습니다.

5. 개인기도와 공중기도

개인기도를 드릴 때는 어떻게 기도하는 것이 좋습니까?

개인기도를 하는 분들에게 저는 다음과 같이 다섯 가지를 제안해 드립니다.

첫째, 정기적인 기도장소와 시간을 정하십시오. 시간이 나면 기도하겠다고 생각하면 절대로 시간이 나지 않습니다. 아무 때나 어디서든지 기도하겠다는 것도 역시 현실성이 없습니다. 물론 우리는 언제 어떤 상황에 있든지 기도해야 합니다. 그러나 그 이전에 먼저 정기적으로 기도하는 시간과 장소를 정해야 합니다. 매일 그 시간이 되면 그 자리에서 기도해야 합니다. 교회에서 드리는 새벽기도회에 참석하면 제일 좋습니다. 만약 그렇게 하기가 어렵다면 집에서라도 구체적인 시간과 장소를 정하여 기도하십시오. 아침에 눈을 뜨면 침대에 누운 채로 기도하겠다는 계획은 기도 안 하겠다는 계획과 마찬가지입니다. 이것은 기도의 우선순위에 관한 문제입니다. 그 어떤 것보다 기도하는 것을 더욱 우선순위에 두셔야 합니다.

둘째, 구체적인 기도의 계획을 세우십시오. 기도의 목록을 작성하십시오. 매일 기도할 제목과 요일별로 기도할 제목을 분류하십시오. 그렇게 기도하면서 점점 기도의 목록을 확장해 가십시오. 국가와 민족을 위한 기도제목, 교회 공동체의 기도제목, 가족이나 친구와 같은 개인적인 기도제목, 그리고 자신을 위한 기도제목 등을 잘 분류하여 체계적으로 기도하십시오.

셋째, 기도모임에 정기적으로 참석하십시오. 새벽기도회에 매일 참석하면 좋습니다. 그렇지 않으면 일주일에 한 번씩 다른 성도들과 기도하는 모임에 참여하는 것도 좋습니다. 우리 교회에는 다양한 기도모임이 있습니다. 최소한 일주일에 한 번 정도 정기적으로 기도모임에 참석하면 기도생활에 크게 도움이 됩니다.

넷째, 일상생활 속에서 늘 기도하십시오. 사람이 살다 보면 혼자 있는 시간이 있습니다. 그런 짧은 시간을 기도시간으로 활용하십시오. 혼자 있을 때 기도하는 것도 상황에 따라 좀 더 길게 기도할 수도 있고, 아주 짧게 기도할 수도 있습니다. 간단하게 한 두 마디로 기도하는 것을 화살기도라고 부릅니다. '하나님, 저를 도와 주세요.' '하나님, 승리하게 해 주세요.' '이 유혹을 뿌리치게 해 주세요.' 그런 식으로 일상생활 속에서 짧게 기도하십시오.

다섯 째, 자녀가 있는 분들은 자녀들을 위해서 늘 기도하십시오. 제가 제 아이들을 위해서 꼭 하는 기도가 있습니다. 그것은 식사기도와 취침기도입니다. 가능한 한 그 두 가지는 주로 제가 합니다. 식사할 때는 가정의 영적인 지도자로서 우리 가정을 대표하여 감사기도를 드립니다. 취침 전에는 자녀들의 아버지로서 매일 자녀들을 축복하는 기도를 합니다.

공중기도에 대한 지침이 있다면 가르쳐 주십시오.

공중기도는 개인기도와 달리 회중 전체를 대표해서 하는 것이기 때문에 항상 그 상황에 적합한 기도를 드려야 합니다. 우선 주일낮예배 시간에 드리는 기도를 생각해 보겠습니다.

첫 번째로 생각해 볼 것은 주일낮예배 기도인도입니다. 예배시간에 회중을 대표하여 드리는 기도는 목회기도와는 다릅니다. 목회기도는 성도들의 삶을 위해서 구체적으로 기도하는 것입니다. 예를 들면 각 기관을 위해서, 위원회를 위해서, 목장을 위해서 일일이 기도할 수 있습니다. 그러나 예배시간의 기도는 그런 것이 아닙니다. 예배시간에 드리는 기도는 주로 그 시간의 예배를 위해서 기도하는 것입니다.

회중을 대표하여 드리는 기도에 포함되어야 하는 내용은 대략 다음과 같습니다. 하나님을 찬양하는 기도, 한 주간 우리 성도들을 지켜주신 것과 교회의 중요한 사역을 잘 감당하게 해 주신 것을 감사하는 기도, 한 주간에 지은 교회 공동체의 죄를 회개하는 기도(개인적인 죄가 아니라 교회 공동체의 죄를 회개하는 기도), 예배드리는 우리의 마음 자세와 교회의 중요한 사역, 그리고 그 날의 설교자와 말씀 선포에 관하여 간구하는 기도 등이 기도내용에 포함되어야 합니다.

두 번째로 생각해 볼 것은 헌금기도입니다. 너무 당연한 이야기이지만 헌금기도는 헌금을 위해서만 기도하는 것이 좋습니다. 이미 앞에서 기도하였기 때문에 다시 예배를 위한 기도를 반복할 필요는 없습니다. 헌금기도에는 대략 다음과 같은 내용이 포함되어야 합니다. 만물의 주인되신 하나님을 찬양하는 기도, 우리에게 필요한 것들을 주신 하나님께 감사하는 기도, 물질에 대한 탐욕으로 온전한 헌금을 드리지 못하는 것을 회개하는 기도, 십일조, 감사, 선교, 구제, 주일 헌금 등 드려진 헌금을 받아주시도록 간구하는 기도, 헌금을 드리는 우리의 마음 자세가 바른 마음이 되도록 간구하는 기도, 그리고 마지막으로 이 헌금이 바르게 쓰여질 수 있도록 간구하는 기도입니다.

세 번째로 생각해 볼 것은 회중기도를 드릴 때 주의할 표현들입니다.

첫째, 사람에게 영광을 돌리는 표현을 삼가십시오. 하나님께 기도하는 시간에 사람에게 영광 돌리는 것은 잘못된 것입니다.

둘째, 하나님께 아무개를 축복해달라는 기도는 우리말 어법상 잘못된 표현입니다. 축복이라는 말은 복을 빈다는 말입니다. 그러므로 축복이라는 것은 사람이 사람을 축복할 때 쓰는 표현입니다. "내가 주님의 이름으로 당신을 축복합니다." 이렇게 사용하는 것이 맞습니다. 따라서 하나님께 기도할 때는 단순하게 '우리에게 복을 내려 주시옵소서!' 하고 기도하는 것이 정확한 표현입니다. 다만 요즘에는 축복한다는 말이 하나님이 사람에게 복을 내린다는 말로도 널리 통용되어 국어사전에도 등재된 상황이라서 너무 엄격하게 구분하는 것이 쉽지 않습니다.

셋째, 기도할 때 성경을 인용하는 것도 조심스럽게 해야 합니다. 특별히 회중기도는 하나님께 말씀드리는 시간입니다. 하나님께서 말씀을 주시는 것은 성경봉독과 설교시간이 있습니다. 회중기도는 철저히 하나님께 말씀드리는 시간입니다. 물론 하나님께 드리는 기도의 한 표현으로 성경을 인용하는 것은 좋습니다. 시편과 같은 말씀을 인용하여 하나님께 기도할 수 있습니다. 그러나 성도들에게 들려주고 싶은 말씀을 전할 목적으로 인용한다면 그것은 잘못된 것입니다. 왜냐하면 그 시간은 하나님의 말씀을 전하는 시간이 아니라 하나님께 우리의 생각을 아뢰는 시간이기 때문입니다.

넷째, 피차에 기도를 참 잘했다는 인사를 삼가십시오. 기도할 때마다 기본적인 사실을 기억하셔야 합니다. 회중기도는 성도들에게 은혜를 끼치기 위해서 하는 것이 아닙니다. 물론 간절한 기도는 우리의 마음에 은혜가 됩니다. 그 자체가 잘못되었다는 것이 아닙니다. 다만 기도를 잘하고 못하고는 하나님께서 평가할 일이라는 것입니다. 회중기도는 성도들을 대표하여 하나님 앞에 아뢰는 시간입니다. 그러므로 거룩하시고 전능하신 하나님이 지금 내 앞에 좌정해 계시다는 사실을 기억하십시오. 사람을 너무 의식하지 마십시오. 사람을 너무 의식하면 하나님이 아니라 사람을 위해 기도하는 위선을 범할 수 있습니다. 다만 그 분 앞에 겸손하게 고백하며 아뢰십시오. 신실하신 하나님께서 그런 겸손한 기도를 들어주실 것입니다.

저는 공중기도를 드리는 분들에게 미리 기도문을 작성하여 기도할 것을 권면합니다. 또한 기도에 대하여 더욱 구체적으로 배우기를 원하는 분들은 좀 더 체계적인 기도훈련을 받으시기를 권해드립니다.

닫는 말

기도는 참으로 큰 능력이 있습니다. 기도는 하나님의 자녀에게 주신 위대한 특권입니다. 우리는 기도를 통해서 전능하신 하나님을 만나고, 그 분의 도우심을 경험할 수 있습니다. 혹시 지금 어려운 문제 가운데 있습니까? 경제적으로 궁핍하십니까? 일용할 양식을 달라고 기도하십시오. 인간관계에 어려움이 있습니까? 둘 사이에 막힌 담을 뚫어달라고 기도하십시오. 육신의 고통 가운데 있습니까? 우리의 치료자이신 여호와 라파의 하나님께 기도하십시오.

다만 한 가지 기억하실 것이 있습니다. 기도하는 사람은 반드시 하나님과의 친밀한 관계 가운데 기도해야 합니다. 기도는 단지 우리의 필요를 채우기 위하여 하나님께 요구하는 청구서가 아닙니다. 기도는 하나님과 친밀한 관계를 맺기 위한 대화입니다. 그러므로 늘 하나님과 친밀한 교제를 나누기에 힘쓰십시오. 늘 말씀을 묵상함으로 하나님의 심정을 체험하십시오. 그런 친밀한 관계 속에서 드리는 기도가 하나님 앞에 상달됩니다. 기도할 때마다 다음에 있는 약속의 말씀을 붙잡고 기도하십시오.

> 요한복음 15:7 너희가 내 안에 거하고 내 말이 너희 안에 거하면 무엇이든지 원하는대로 구하라 그리하면 이루리라
> 요한복음 16:24 지금까지는 너희가 내 이름으로 아무것도 구하지 아니하였으나 구하라 그리하면 받으리니 너희 기쁨이 충만하리라

복습을 위한 질문

1 기도를 한 마디로 정의한다면 무엇이라고 할 수 있을까요?

2 누가 하나님께 기도할 수 있을까요?

3 우리는 무엇을 기도해야 할까요?

4 쉬지 말고 기도하라는 말씀의 의미는 무엇일까요?

5 주기도문을 통하여 깨닫게 된 점을 서로 나누어보십시오.

6 기도할 때 참고해야 할 순서를 암기하여 말해 보십시오.

7 기도할 때 유념해야 할 두 가지 태도를 말해보십시오.

8 개인적으로 어떻게 기도생활을 하고 있는지 서로 나누어보십시오. 또 앞으로 어떻게 기도할지 기도생활에 대한 계획을 나누어보십시오.

제5장 교회생활
(예배, 교육, 교제, 봉사, 선교)

여는 말

어떤 분들은 예수님은 믿지만 교회는 다니지 않는다고 말합니다. 그런 분들은 교회를 다니지 않고도 신앙생활을 잘 할 수 있다고 생각합니다. 그러나 그것은 잘못된 생각입니다. 신앙생활을 바르게 하려면 반드시 교회생활을 바르게 해야 합니다. 왜냐하면 신앙생활이란 하나님과의 관계만 바르게 맺으면 되는 것이 아니기 때문입니다. 신앙생활이란 위로는 하나님과 옆으로는 사람들과 좋은 관계를 맺는 것입니다. 수직적 사랑과 수평적 사랑, 이 둘은 서로 별개의 것이 아닙니다. 그러므로 신앙생활을 바르게 하려면 교회생활을 잘 해야 합니다. 교회가 반드시 해야 하는 일, 곧 교회의 사명은 다섯 가지가 있습니다. 그 다섯 가지는 예배, 교육, 교제, 봉사, 선교입니다. 그래서 이번 과에서는 교회생활에 대해서 공부하겠습니다.

1. 예배

우리가 예배에 대해 다룰 때 제일 중요하게 여겨야 할 것은 바로 예배의 대상입니다. 우리가 예배하는 대상은 성부와 성자와 성령, 곧 삼위일체 하나님이십니다. 열정적으로 예배드리는 것도 중요하지만 그 보다 더 중요한 것은 우리가 예배할 대상을 바르게 알고 예배드리는 것입니다. 하나님은 우리 삶의 모든 영역에서 우리의 주인이며 왕이십니다. "왕이신 나의 하나님이여 내가 주를 높이고 영원히 주의 이름을 송축하리이다(시편 145:1)." 그러므로 하나님께 예배드리는 자들은 하나님을 이 세상 만물의 왕이시고, 또한 나의 왕이라는 사실을 인정하고 그 분을 예배해야 합니다.

하나님께 예배드리는 자들은 어떻게 하나님을 예배해야 할까요?

> 요한복음 4:24 하나님은 영이시니 예배하는 자가 영과 진리로 예배할지니라

1) 영으로 예배하라
- 영으로 예배한다는 말에는 크게 세 가지 정도의 의미가 있습니다.

첫째, 영으로 예배한다는 말은 영적으로 거듭나서 하나님의 자녀가 된 자로서 하나님을 예배하라는 것입니다. 로마서 8:8-9절은 이렇게 말합니다. "육신에 있는 자들은 하나님을 기쁘시게 할 수 없느니라 만일 너희 속에 하나님의 영이 거하시면 너희가 육신에 있지 아니하고 영에 있나니 누구든지 그리스도의 영이 없으면 그리스도의 사람이 아니라" 그의 중심에 그리스도의 영, 곧 성령이 거하는 그리스도의 사람만이 하나님을 기쁘시게 할 수 있습니다. 그러므로 오직 거듭난 하나님의 자녀만이 하나님을 예배할 수 있습니다.

둘째, 영으로 예배한다는 것은 물질적인 차원을 초월한 영적인 예배를 드린다는 의미입니다. 유대인들은 예루살렘에서 예배드려야 한다고 주장했고, 사마리아인들은 그리심산에서 예배해야 한다고 주장하였습니다. 이런 논쟁은 당시 사람들이 영적인 예배가 아닌 물질적인 예배를 드리고 있었다는 것을 보여줍니다. 사도행전 17:24은 이렇게 말씀합니다. "우주와 그 가운데 있는 만물을 지으신 하나님께서는 천지의 주재시니 손으로 지은 전에 계시지 아니하시고" 하나님은 영이시

므로 물질적인 차원을 초월합니다. 그러므로 영으로 예배하는 자들은 만물을 지으시고 다스리시는 하나님께 우리의 마음을 온전히 드려서 예배드려야 합니다.

셋째, 영으로 예배한다는 것은 우리의 전 존재를 다 드려서 예배한다는 뜻입니다. 우리의 영은 성령님이 거하시는 장소입니다. 그러므로 하나님의 영을 모신 우리가 영으로 예배한다는 것은 성령님의 다스림 아래에서 예배한다는 뜻입니다. 성령님은 우리의 지, 정, 의, 전체를 다 다스리십니다. 그러므로 우리는 우리의 전 존재를 다 드려서 하나님을 예배해야 합니다. 나의 성향에 따라 지적인 예배나 정적인 예배 가운데 특정한 예배 방식을 선호하지 말고 우리의 지성과 감성과 의지를 총동원하여 하나님께 예배드려야 합니다.

2) 진리로 **예배하라**

진리로 예배하려면 진리가 무엇인가를 알아야 합니다. 헬라사람들은 이론적이고 철학적인 진리를 논하기를 즐겼습니다. 그러나 히브리 사람들은 다릅니다. 구약성경은 히브리인들의 사고방식을 배경으로 하고 있습니다. 구약성경에서 진리란 "신실함, 성실함, 믿을만함, 순전함"을 의미합니다. 시편 54:5에는 이런 말씀이 있습니다. "주께서는 내 원수에게 악으로 갚으시리니 주의 성실하심으로 그들을 멸하소서." 여기서 '성실하심'이라고 번역된 단어가 원어에서 '진리'와 같은 단어입니다. 이것은 "성실함, 믿을만함, 완전히 신뢰할 수 있음"을 의미합니다.

이런 사실을 통해서 볼 때, 진리란 헬라사람들이 생각하는 철학적인 개념이 아니라 성실한 삶의 행동을 가리킵니다. 그러므로 진리로 예배드리라는 말은 성실한 삶으로 예배드리라는 말입니다. 예배는 삶에 기초한 신앙의 고백입니다. 그러므로 예배드리는 자에게는 언제나 삶과 예배 사이의 일관성이 요구됩니다. 하나님이 늘 변하지 않는 분인 것처럼 우리도 변함없이 진실한 삶의 고백으로 예배를 드려야 합니다. 그러므로 주일예배를 바르게 드리려면 한 주간 삶의 예배를 바르게 드려야 합니다. 로마서 12:1은 이렇게 말합니다. "그러므로 형제들아 내가 하나님의 모든 자비하심으로 너희를 권하노니 너희 몸을 하나님이 기뻐하시는 거룩한 산 제물로 드리라 이는 너희가 드릴 영적 예배니라." 우리의 몸을 산 제물로 드리는 것, 그것이 바로 영적인 예배이며, 또한 진리로 예배하는 것입니다.

예배 순서 가운데 들어있는 헌금은 대단히 중요한 예배 행위 가운데 하나입니다. 그렇다면 헌금은 성경적으로 어떤 의미를 담고 있습니까? 먼저 헌금에 대한 자신의 생각을 아래에 기록해 보시고 다음에 있는 글을 읽어보십시오.

성경은 헌금에 대하여 몇 가지 원리를 우리에게 제시하고 있습니다. 그 원리는 다음과 같습니다.

1) 헌금은 하나님의 은혜에 대한 감사의 표현입니다.

> 고린도후서 8:1-2 ¹형제들아 하나님께서 마게도냐 교회들에게 주신 은혜를 우리가 너희에게 알리노니 ²환난의 많은 시련 가운데서 그들의 넘치는 기쁨과 극심한 가난이 그들의 풍성한 연보를 넘치도록 하게 하였느니라

이 말씀에 나오는 마케도니아 교회들은 당시 경제적으로 아주 어려운 상황 가운데 있었습니다. 그런데 그런 교회가 어려운 이웃을 돕기 위해서 풍성한 헌금을 드린 것입니다. 헌금은 돈이 많은 사람이 하는 것이 아니고 은혜가 많은 사람이 하는 것입니다. 그 사람의 내면에 하나님의 은혜가 풍성하면 기꺼이 감사한 마음으로 드릴 수 있는 것이 헌금입니다. 그러므로 헌금은 한 마디로 은혜에 대한 감사의 표현입니다.

2) 헌금은 하나님의 주인되심을 고백하는 것입니다.

> 역대상 29:14 나와 내 백성이 무엇이기에 이처럼 즐거운 마음으로 드릴 힘이 있었나이까 모든 것이 주께로 말미암았사오니 우리가 주의 손에서 받은 것으로 주께 드렸을 뿐이니이다

다윗은 헌금을 가리켜서 주의 손에서 받은 것을 주께 드린 것이라고 말합니다.

우리는 물질의 주인이 아니라 청지기입니다. 그러므로 헌금은 주님께서 주신 것을 청지기로서 잘 관리하다가 다시 주님 앞에 돌려드리는 것입니다. 그런 면에서 헌금은 하나님이 나의 주인이심을 고백하는 신앙고백적 행위입니다.

3) 헌금은 하나님의 백성들이 한 믿음의 공동체임을 고백하는 것입니다.

구약성경을 보면 십일조의 용도는 크게 두 가지였습니다. 한 가지는 땅을 분배 받지 않은 레위지파를 위한 것이고, 또 한 가지는 가난한 사람들을 위한 것입니다. 이것은 곧 이스라엘 백성 전체가 한 공동체라는 뜻입니다. 이스라엘은 한 공동체이기 때문에 모든 사람에게 일용할 양식이 있어야 합니다. 레위지파에게 헌금으로 생활비를 대 준 것은 그들에게는 별도의 땅을 분배해 주지 않았기 때문입니다. 또한 언제나 가난한 사람들은 생기게 마련이므로 헌금으로 가난한 사람들을 돕는데 사용하였습니다. 지금도 원리는 동일합니다. 헌금은 우리 모두가 한 공동체임을 고백하는 행위입니다. 그래서 교회에서는 성도들의 헌금으로 별도의 직업을 갖지 않는 목회자와 선교사의 생활비를 지원하고, 가난한 사람들을 돕고, 실제적으로 필요한 교회 운영을 하는 것입니다. 이런 헌금행위는 우리 모두가 한 믿음의 공동체임을 고백하는 것입니다. 그런 면에서 십일조를 비롯한 우리의 헌금은 공동체의 일원으로서 드리는 거룩한 의무라고 볼 수 있습니다.

바른 헌금생활을 위한 성경의 권면

1) 바른 헌금생활을 하려면 헌금을 제일 우선순위의 지출로 삼아야 합니다. 마태복음 6:33에서 예수님은 "그런즉 너희는 먼저 그의 나라와 그의 의를 구하라, 그리하면 이 모든 것을 더하시리라"라고 말씀하셨습니다. 그러므로 우리는 헌금을 제일 우선순위로 삼아야 합니다. 하나님께서 말씀에 약속하신대로 모든 필요를 채우실 것을 믿는 믿음으로 헌금해야 합니다.

2) 바른 헌금생활을 하려면 수입에 비례하게 드려야 합니다. 고린도후서 8:12은 이렇게 말합니다. "할 마음만 있으면 있는대로 받으실 터이요 없는 것은 받지 아니하시리라." 성경은 무조건 헌금을 많이 하라고 요구하지 않습니다. 하나님은 우리가 갖고 있지 않은 것을 요구하지 않기 때문입니다. 하나님은 우리가 가진 것, 우리가 드

릴 수 있는 것을 요구하십니다. 예수님은 가난한 과부가 아주 적은 돈이지만 자신이 가진 것 전부를 드렸을 때, 그 과부가 가장 많이 헌금했다고 칭찬하셨습니다.

3) 바른 헌금생활을 하려면 미리 준비해야 합니다. 고린도후서 9:5은 이렇게 말합니다. "그러므로 내가 이 형제들로 먼저 너희에게 가서 너희가 전에 약속한 연보를 미리 준비하게 하도록 권면하는 것이 필요한 줄 생각하였노니 이렇게 준비하여야 참 연보답고 억지가 아니니라." 이 말씀에 따르면 갑자기 충동적으로 큰 돈을 헌금하는 것보다 미리 준비하여 드리는 헌금이 더 귀한 것으로 보입니다.

4) 바른 헌금생활을 하려면 기쁘고 즐거운 마음으로 드려야 합니다. 고린도후서 9:7을 보면 "각각 그 마음에 정한대로 할 것이요 인색함으로나 억지로 하지 말지니 하나님은 즐겨내는 자를 사랑하시느니라."라고 했습니다. 하나님은 우리의 돈 자체만 받으시는 것이 아닙니다. 온 세상이 다 주님의 것인데 왜 굳이 우리의 적은 돈을 받으시겠습니까? 하나님께서 원하시는 것은 돈보다도 우리의 마음입니다. 그래서 고린도후서 8:12은 할 마음만 있으면 있는대로 받으실 것이라고 한 것입니다.

아직 믿음이 없어서 헌금하기가 어렵다면 헌금하지 않아도 됩니다. 우리 교회는 헌금을 강요하거나 헌금자 명단을 공개하여 유도하는 등의 행위를 하지 않습니다. 예배당 입구에 헌금함을 비치하고 자발적으로 헌금하도록 하고 있습니다. 그러므로 하나님의 은혜를 체험하고 자발적으로 헌금하고 싶은 마음이 들 때까지 하지 않아도 괜찮습니다. 그러나 하나님께서 감동을 주실 때는 동참하십시오. 그 때 동참하면 하나님의 놀라운 은혜를 체험할 수 있을 것입니다.

2. 교육

교회가 감당해야 할 중요한 사명 가운데 한 가지가 바로 교육입니다. 교육을 다른 말로 훈련이라고도 합니다. 그리스도인이 된다는 것은 그리스도인답게 산다는 것을 의미합니다. 예수님을 믿고 영접한다고 해서 곧 바로 그리스도인답게 살 수 있는 것이 아닙니다. 우리에게 오랫동안 배어 있는 세상적인 삶이 있기 때문입니다. 그러므로 우리는 말씀으로 우리 자신을 훈련해야 합니다. 처음 훈련받을 때는 훈련이 우리를 피곤하게 합니다. 그러나 잘 훈련받으면 그 훈련이 나를 자유하게 합니다.

테니스를 처음 배울 때는 자세 교정부터 모든 것을 다 훈련받아야 합니다. 그러나 익숙하게 훈련이 되면 그 다음부터는 테니스를 치면서 즐길 수가 있습니다. 마찬가지입니다. 그리스도인답게 살려면 그리스도인의 삶을 훈련받아야 합니다. 디모데전서 4:8은 이렇게 말합니다. "육체의 연단은 약간의 유익이 있으나 경건은 범사에 유익하니 금생과 내생에 약속이 있느니라." 우리는 금생과 내생에 약속이 있는 경건을 훈련하기에 힘써야 합니다. 그런데 교회 교육의 핵심은 성경교육입니다. 우리 그리스도인들은 성경을 우리 삶의 최종적인 권위라고 생각합니다. 그러므로 교회는 마땅히 성도들을 성경으로 교육하기에 힘써야 합니다. 성경교육에 대한 기본적인 내용들은 3장에서 성경이라는 주제로 다루었기 때문에 이 과에서는 교회의 교육체계에 대해 말씀드리겠습니다.

신앙의 바른 성장을 위해서는 체계적인 양육을 받는 것이 필수적입니다. 교회마다 조금씩 차이가 있지만 양육은 크게 세 단계로 나누어집니다. 첫 번째 단계는 새신자 과정입니다. 처음 교회에 등록하면 새신자 필수과정을 반드시 받아야 합니다. 이미 다른 교회에서 신앙생활을 오래 하신 분이라고 해도 새로운 교회의 교육과정을 다시 한 번 이수하는 것이 필요합니다. 그런 과정을 통하여 다시 한 번 신앙을 점검할 수 있기 때문입니다. 두 번째 단계는 헌신자 과정입니다. 이미 새신자 과정을 마친 성도들은 헌신자 과정을 통하여 좀 더 체계적인 훈련을 받아야 합니다. 이 과정에는 말씀묵상훈련이나 기도훈련을 포함한 제자훈련과정이 포함될 수 있습니다. 세 번째 단계는 리더훈련과정입니다. 이 과정은 교회의 지도자가 되기 위한 과정입니다. 여러분이 교회의 지도자가 되기를 원한다면 각 교회에서 제공하는 지도자훈련과정에 반드시 참여해야 합니다. 양육을 중요하게 여기는 교회라면 어느 교회든지 대부분 위와같은 세 단계의 양육과정을 갖추고 있을 것입니다. 목회자의 지도에 따라서 각 과정을 성실하게 이수하는 것이 좋습니다. 이런 기본양육과정을 모두 마친 후에는 체계적으로 성경을 공부할 필요가 있습니다. 책별로 공부할 수도 있고, 주제별로 공부할 수도 있습니다. 하나님의 말씀으로 양육받는 것은 바른 교회생활에 매우 중요한 영역입니다.

3. 교제

신앙생활을 잘 하려면 세 가지 관계를 잘 맺어야 합니다. 첫째는 하나님과의 관계입니다. 하나님과 바른 관계를 맺기 위해서 우리는 성경과 기도로 하나님과 교제하기에 힘써야 합니다. 둘째는 성도와의 관계입니다. 다른 성도들과 바른 관계를 맺으려면 성도간의 교제에 힘써야 합니다. 셋째는 믿지 않는 이웃과의 관계입니다. 믿지 않는 이웃과 좋은 관계를 맺으려면 전도와 봉사의 삶을 살아야 합니다.

왜 우리는 다른 성도들과 교제해야 할까요? 성도간의 교제가 신앙생활에 필수적인 것일까요?

> 빌레몬서 1:5-6 [5]주 예수와 및 모든 성도에 대한 네 사랑과 믿음이 있음을 들음이니 [6]이로써 네 믿음의 교제가 우리 가운데 있는 선을 알게 하고 그리스도께 이르도록 역사하느니라

이 말씀에서 '주 예수와 및 모든 성도에 대한 네 사랑과 믿음' 이라는 말은 풀어서 말하면 주 예수에 대한 믿음과 성도에 대한 사랑이라는 말입니다. 바른 신앙인이 되려면 하나님을 향한 믿음과 아울러 성도에 대한 사랑이 있어야 합니다. 성도간의 사랑은 이처럼 중요한 것입니다. 그러므로 참된 신자가 되려면 반드시 성도간에 교제해야 합니다. 대부분의 교회에서는 성도 간에 친밀한 교제를 위하여 목장교회(혹은 셀그룹이나 가정교회)를 운영하고 있습니다. 각 목장교회에서는 목자와 목원들이 피차에 서로를 돌아보며 섬기고 있습니다. 그러므로 반드시 목장교회에 가입하여 참된 성도 간의 교제를 나누시기 바랍니다.

어떻게 성도간에 교제할 것인가에 대한 성경의 지침이 있습니까?

> 사도행전 2:42-47 [42]그들이 사도의 가르침을 받아 서로 교제하고 떡을 떼며 오로지 기도하기를 힘쓰니라 [43]사람마다 두려워하는데 사도들로 말미암아 기사와 표적이 많이 나타나니 [44]믿는 사람이 다 함께 있어 모든 물건을 서로 통용하고 [45]또 재

> 산과 소유를 팔아 각 사람의 필요를 따라 나눠 주며 46날마다 마음을 같이하여 성전에 모이기를 힘쓰고 집에서 떡을 떼며 기쁨과 순전한 마음으로 음식을 먹고 47하나님을 찬미하며 또 온 백성에게 칭송을 받으니 주께서 구원 받는 사람을 날마다 더하게 하시니라

1) 성도 간의 교제는 하나님의 말씀에 기초해야 합니다.(42절) 목장 모임에서 어느 성도가 직장의 술자리 문제로 고민할 때, 그냥 자유롭게 마셔도 된다고 말하면 안 됩니다. 경제적으로 어려운 사람이 헌금문제로 고민할 때, 당신은 가난하니까 헌금하지 말라고 말해서는 안 됩니다. 왜냐하면 우리는 언제나 말씀에 따라 교제해야 하기 때문입니다. 그러므로 가능한 범위에서 믿음으로 하라고 권해야 합니다. 직장의 부조리 문제로 고민할 때, 불법에 동조하지 말도록 권고해야 합니다.

2) 성도 간의 교제는 함께 있어주는 것입니다.(44절) 현대인들은 대부분 다양한 육체의 병과 마음의 병을 앓고 있습니다. 그런 어려운 상황에 처한 성도들에게 가장 필요한 것은 함께 있어주는 것입니다. 그래서 목장에서는 병원에 있는 목장식구에게 심방을 가서 위로해 주는 것입니다.

3) 성도 간의 교제는 자원하여 형제와 자매의 필요를 공급하는 것입니다.(45절) 물론 이런 교제는 자발적으로 이루어져야 합니다. 어느 목자는 경제적으로 궁핍한 목장식구를 위하여 자기 돈으로 시장을 봐주기도 합니다. 새누리2교회에서는 연말이 되면 선교사님들에게 생필품이나 문화용품 등을 사서 선물로 보내주기도 합니다. 이런 일들은 모두 자원하여 서로의 필요를 공급하는 아름다운 모습입니다.

4) 사도행전에 나오는 성도 간의 교제는 주의만찬(성만찬)과 식탁교제를 가리킵니다.(46절) 여기서 떡을 떼었다는 것은 주의 만찬, 곧 성만찬을 가리키고 음식을 먹었다는 것은 식탁교제를 나눈 것을 가리킵니다. 초대교회 성도들은 주의 만찬과 식탁교제를 통하여 자신들이 한 가족임을 고백했습니다. 여기서 '집에서'라는 말은 특정한 한 집이 아니라 집집마다 다니면서 모였다는 뜻입니다. 우리 교

회에서는 매월 첫 주에 주의 만찬을 합니다. 또한 각 목장에서는 수시로 식탁의 교제를 나눕니다. 물론 목장모임에서 항상 식사를 함께 하는 것은 아닙니다. 필요할 때 논의하여 자발적으로 희망하는 경우에 실시합니다.

다음 성경 구절을 읽어보십시오. 이 구절은 성도 간의 교제에 대한 아름다운 지침을 제공합니다.

> 히브리서 10:24-25 24서로 돌아보아 사랑과 선행을 격려하며 25모이기를 폐하는 어떤 사람들의 습관과 같이 하지 말고 오직 권하여 그 날이 가까움을 볼수록 더욱 그리하자

4. 봉사

봉사하는 일은 누구나 할 수 있습니다. 에베소서 4:11-12은 이렇게 말합니다. "그가 어떤 사람은 사도로, 어떤 사람은 선지자로, 어떤 사람은 복음 전하는 자로, 어떤 사람은 목사와 교사로 삼으셨으니 이는 성도를 온전하게 하여 봉사의 일을 하게 하며 그리스도의 몸을 세우려 하심이라" 11절에 있는 사도, 선지자, 복음 전하는 자, 목사와 교사라는 말은 오늘날로 말하면 직분을 받은 목회자들을 가리킵니다. 그런데 그들을 세우신 이유는 성도를 온전하게 하여 봉사의 일을 하게 하는 것이라고 말씀하고 있습니다. 이 말은 사도와 선지자들이 봉사하는 자라는 뜻이 아닙니다. 사도와 선지자들이 성도들을 준비시켜서 성도들이 봉사하여 그리스도의 몸을 세운다는 뜻입니다. 그러므로 봉사는 누구나 할 수 있고, 또 마땅히 해야 하는 것입니다.

왜 우리는 남을 섬기는 삶을 살아야 합니까?

> 요한복음 13:12-15 12그들의 발을 씻으신 후에 옷을 입으시고 다시 앉아 그들에게 이르시되 내가 너희에게 행한 것을 너희가 아느냐 13너희가 나를 선생이라 또는 주라 하니 너희 말이 옳도다 내가 그러하다 14내가 주와 또는 선생이 되어 너희 발을

> 씻었으니 너희도 서로 발을 씻어 주는 것이 옳으니라 15내가 너희에게 행한 것 같이 너희도 행하게 하려 하여 본을 보였노라

우리가 봉사하는 삶을 살아야 하는 가장 중요한 이유는 그것이 바로 우리 주님의 명령이기 때문입니다. 우리 삶의 가장 귀한 모본이 되시고, 우리 삶의 주인이신 예수님은 하루 종일 사역하고 피곤한 상태에서 저녁식사를 드시던 중에 제자들의 발을 씻어 주셨습니다. 우리가 흔히 세족식이라고 부르는 이 행위는 결코 특별한 의식이 아니었습니다. 당시 예수님과 제자들은 전도여행을 다니느라 피곤한 상태였습니다. 보통 유대인들의 관례에 따르면 그럴 때는 그들을 초대한 집의 종이 발을 씻어 주어야 합니다. 만약 종이 없다면 그들 중에 한 명이 발을 씻어주는 것이 마땅합니다. 그런데 이 때 제자들 중에 어느 누구도 발을 씻어줄 생각을 하지 않고 있었습니다. 그런 상황에서 예수님께서 제자들의 발을 씻어주신 것입니다. 그러므로 예수님의 행동은 남을 섬기는 삶, 곧 봉사의 전형입니다. 제자들의 발을 씻어주신 후에 예수님은 이렇게 말씀하셨습니다. "내가 주와 또는 선생이 되어 너희 발을 씻었으니 너희도 서로 발을 씻어 주는 것이 옳으니라 내가 너희에게 행한 것 같이 너희도 행하게 하려 하여 본을 보였노라." 봉사는 우리 예수님의 명령이며 동시에 그 분의 간절한 소망입니다. 그러므로 우리는 마땅히 봉사해야 합니다.

우리 그리스도인들이 행하는 봉사는 크게 대내적 봉사와 대외적 봉사로 나눌 수 있습니다. 대내적 봉사란 교회 내의 봉사를 가리키고, 대외적 봉사란 교회 밖의 봉사를 가리킵니다. 교회는 많은 자원봉사자들로 운영됩니다. 새누리2교회의 경우 출석교인의 70퍼센트 정도가 한 가지 이상 봉사하고 있습니다. 그런 봉사자들이 있기 때문에 교회가 건강한 교회로 유지되는 것입니다. 봉사를 하다 보면 때로는 자신의 은사에 맞게 팀을 이루어서 해야 할 때도 있습니다. 예를 들면 새누리2교회에서는 정기적으로 맞춤전도집회를 합니다. 맞춤전도집회를 하면 음식을 잘 만드는 분은 음식만들기로 봉사하고, 찬송을 잘하는 분은 찬송을 준비하고, 관계

를 잘 맺는 은사가 있는 분은 전도대상자와 한 테이블에 앉아서 대화하는 일을 하기도 합니다. 목적은 그 영혼을 전도하는 것이지만 이와같이 여러 지체들이 자신의 은사에 맞게 함께 팀을 이루어서 봉사합니다. 전교인수련회를 갈 때도 마찬가지입니다. 전교인수련회를 갈 때도 미리 은사에 따라 다양한 팀을 만듭니다. 때로는 교회에 나온지 채 일 년이 안 된 분들도 그런 팀에 참여하여 봉사하기도 합니다. 내가 직접 봉사에 참여할 때 교회에 대한 주인의식을 가지고 더욱 교회를 사랑하게 됩니다. 우리 교회에서는 대내적 봉사 못지않게 대외적 봉사도 열심히 하고 있습니다. 여러 단체나 기관에 가서 봉사하기도 하고, 지역의 장애인들을 위해 반찬을 만들어 전달하기도 합니다. 우리가 사는 지역사회를 위한 이런 봉사는 교회가 마땅히 해야 할 일입니다.

 봉사하는 사람들은 자신들의 봉사를 통하여 많은 유익을 누립니다. 봉사의 유익은 우선 삶의 기쁨을 얻게 된다는 것입니다. 봉사는 받는 사람만이 아니라 하는 사람에게도 큰 기쁨을 줍니다. 봉사를 실천해 본 사람들은 이런 기쁨이 있기 때문에 그런 봉사를 계속하는 것입니다. 또한 봉사를 실천하면 내면의 상처가 치유됩니다. 어느 날 어떤 여성이 자살을 하기 직전에 테레사 수녀에게 상담을 받기 위해 찾아왔습니다. 테레사 수녀는 아무 말도 하지 않고 자살하기 전에 먼저 자신이 돌보는 기관에 와서 한 달만 봉사를 하고 그 후에 자살 여부를 결정하라고 하였습니다. 테레사 수녀의 말대로 그녀는 켈커타의 빈민가에서 열심히 봉사하였습니다. 한 달 뒤 테레사 수녀가 그녀를 만나서 물었습니다. "아직도 자살 충동을 느끼시나요?" 그녀는 이렇게 말했습니다. "자살이라니요? 수녀님, 그런 말씀 마세요." 그녀는 남을 위하여 봉사하는 중에 변화된 것입니다.

 어떤 분들은 봉사하려는 마음이 있음에도 불구하고 실천하기를 주저하기도 합니다. 그러나 봉사는 그리 어려운 일이 아닙니다. 우선 작은 일부터 시작하는 것이 중요합니다. 새누리2교회는 화장실에 수건을 매주 세탁하여 비치하는 일도 한 가지 봉사로 여깁니다. 일 년에 한 두 달씩 주보를 접는 일도 중요한 봉사로 생각합니다. 그런 일은 마음만 먹으면 당장 실천할 수 있습니다. 만약 장기적으로 중요한 일을 하고 싶을 때는 자신에게 재능과 은사가 잘 맞는 일을 하는 것이 좋습니다. 노래하기를 좋아하는 사람에게는 성가대 봉사가 즐거운 일이지만 음치에게 성가대 봉사는 고역입니다. 또한 때로는 마음에서 어떤 열정이 생길 때도 있습니다. 그런 때는 자연스럽게 그 열정을 따라 봉사하는 것이 좋습니다. 마지막으로 봉사할 때는 하나님께서 어디에서 일하고 계신가를 생각해 보는 것이 좋습니다. 하나님께서 지금 일하시는 곳에서 나도 일할 때 가장 많은 열매를 거둘 수 있기 때문입니다.

봉사하는 사람이 가져야 할 삶의 자세는 무엇입니까? 먼저 생각해 보고 아래 내용을 읽으십시오.

1) 봉사할 때는 자신이 섬기는 종이라는 사실을 기억하십시오.

> 누가복음 17:9-10 9명한 대로 하였다고 종에게 감사하겠느냐 10이와 같이 너희도 명령 받은 것을 다 행한 후에 이르기를 우리는 무익한 종이라 우리가 하여야 할 일을 한 것뿐이라 할지니라

2) 선을 행하되 포기하지 마십시오.

> 갈라디아서 6:9 우리가 선을 행하되 낙심하지 말지니 포기하지 아니하면 때가 이르매 거두리라

3) 봉사할 때는 주님을 향한 사랑을 늘 확인하고 유지하십시오.

> 요한복음 21:15-17 15그들이 조반 먹은 후에 예수께서 시몬 베드로에게 이르시되 요한의 아들 시몬아 네가 이 사람들보다 나를 더 사랑하느냐 하시니 이르되 주님 그러하나이다 내가 주님을 사랑하는 줄 주님께서 아시나이다 이르시되 내 어린 양을 먹이라 하시고 16또 두 번째 이르시되 요한의 아들 시몬아 네가 나를 사랑하느냐 하

> 시니 이르되 주님 그러하나이다 내가 주님을 사랑하는 줄 주님께서 아시나이다 이르시되 내 양을 치라 하시고 17세 번째 이르시되 요한의 아들 시몬아 네가 나를 사랑하느냐 하시니 주께서 세 번째 네가 나를 사랑하느냐 하시므로 베드로가 근심하여 이르되 주님 모든 것을 아시오매 내가 주님을 사랑하는 줄을 주님께서 아시나이다 예수께서 이르시되 내 양을 먹이라

예수님은 베드로에게 오직 한 가지만 질문하였습니다. "네가 나를 사랑하느냐?" 왜 예수님은 오직 당신을 향한 사랑만 물었을까요? 그 이유는 주님의 양떼를 먹이고 돌보는 일은 주님에 대한 사랑이 없으면 절대로 할 수 없는 일이기 때문입니다. 봉사도 마찬가지입니다. 우리가 섬기고 돌보는 대상을 사랑하는 것도 중요하지만 그 보다 더 중요한 것은 주님을 향한 사랑입니다. 주님을 향한 사랑이 없는 사람은 지속적으로 봉사할 수 없습니다. 그러므로 언제나 봉사하는 사람은 주님을 향한 사랑을 늘 확인하고 유지해야 합니다.

5. 선교

선교는 먼저 예수님을 믿는 사람들이 아직 예수님을 알지 못하는 사람에게 복음을 전하는 것입니다. 국내에서 복음을 전하는 활동을 국내선교라고 부르고, 해외에서 복음을 전하는 활동을 해외선교라고 부릅니다. 선교가 복음을 전하는 활동을 총체적으로 지칭하는 것이라면 그 중에서 영적인 차원에서 복음을 전하는 것만을 한정하여 전도라고 합니다.

그렇다면 왜 우리는 선교해야 합니까? 먼저 생각해 보고 그 후에 다음 설명을 읽어보십시오.

1) 선교는 교회의 머리이신 예수님의 지상대명령이기 때문입니다.

> 마태복음 28:19-20 ¹⁹그러므로 너희는 가서 모든 민족을 제자로 삼아 아버지와 아들과 성령의 이름으로 침례를 베풀고 ²⁰내가 너희에게 분부한 모든 것을 가르쳐 지키게 하라 볼지어다 내가 세상 끝날까지 너희와 항상 함께 있으리라 하시니라

우리 주님은 이 세상을 떠나시기 전에 그의 사랑하는 제자들을 모아 놓고 그들에게 분부하셨습니다. "너희는 가서 모든 민족을 제자로 삼으라." 이것은 다른 말로 선교하라는 말입니다. 선교가 우리 주님의 유언이기 때문에 우리는 마땅히 선교해야 합니다.

2) 이 세상에는 복음의 감격을 누리지 못하는 사람이 너무 많기 때문입니다.

> 마태복음 9:37 이에 제자들에게 이르시되 추수할 것은 많되 일꾼이 적으니

예수님은 추수할 것은 많되 일꾼은 적다고 하셨습니다. 이 세상에는 아직도 복음의 감격을 누리지 못하는 사람이 너무 많습니다. 그런데 그 영혼들을 추수할 일꾼은 턱없이 부족합니다. 그래서 교회에서는 해외에 선교사를 파송하여 아직도 복음을 듣지 못하는 사람들에게 복음을 전하고 있습니다. 국내에서도 다양한 방식으로 복음을 전하고 있습니다.

닫는 말 바른 신앙생활을 위해서는 바른 교회생활을 먼저 해야 합니다.
신앙생활이 우리 삶의 모든 것을 포괄적으로 가리키는 말이라면 교회생활은 말 그대로 교회를 다니면서 신앙생활하는 것을 가리킵니다. 우리가 궁극적으로 해야 할 일은 우리 삶 전체를 아우르는 신앙생활입니다. 우리는 매일 삶 속에서 하나님의 말씀을 실천하면서 살아야 합니다. 그런데 그렇게 하기 위해서는 먼저 교회생활을 바르게 해야 합니다. 예배, 교육, 교제, 봉사, 선교 등 교회의 주요 기능을 잘 배워서 실천하신다면 장차 균형잡힌 신앙을 갖게 될 것입니다. 그러므로 교회생

활을 잘 하는 것이 매우 중요합니다. 어떤 일이든 마찬가지이지만 교회생활도 역사 잘 배워서 하는 것이 중요합니다. 곁눈질로 배워서 하는 것 보다는 제대로 배워서 하는 것이 훨씬 더 유익합니다. 그러므로 이 과에서 배운 내용을 따라 바른 교회생활을 하여 균형잡힌 신앙생활을 할 수 있기를 바랍니다.

복습을 위한 질문

1 예배드리는 자에게 필요한 바른 자세, 두 가지는 무엇입니까?

2 헌금에 담긴 세 가지 정신은 무엇입니까? 세 가지 정신을 아래에 기록한 후에 '바른 헌금생활을 위한 성경의 권면'을 찾아서 다시 한 번 읽어보십시오.

3 교육훈련의 중요성을 강조하는 디모데전서 4:8을 암송하여 기록해 보십시오.

4 성도간의 교제에 대한 네 가지 지침을 사도행전 2:42-47에 근거하여 기록해 보십시오.

5 성도 간의 교제가 신앙생활에 필수적인 것일까요? 만약 그렇다면 성도 간에 친밀한 교제를 나누기 위하여 우리 교회의 어떤 모임에 참석해야 할까요?

6 봉사하는 사람이 가져야 할 세 가지 자세를 찾아서 복습하십시오.

7 우리가 선교해야 하는 두 가지 이유는 무엇입니까?

8 교회의 다섯 가지 기능은 무엇인지 암기해 보십시오. 그리고 우리 교회가 그 다섯 가지 기능을 잘 하기 위해서 내가 해야 할 일을 생각해 보고 모임에서 나누십시오.

이 책으로 양육받은 분들에게 드리는 글

예수님을 믿고 하나님의 자녀가 된 것은 신앙생활의 출발점이지 종착역이 아닙니다. 왜냐하면 신앙생활은 단판승부가 아니라 마라톤이기 때문입니다. 우리는 평생 동안 신실한 하나님의 자녀로 살아가야 합니다. 그러므로 성숙한 신앙인이 되기 위해서는 다음에 있는 내용을 꾸준히 실천하십시오.

첫째, 하나님의 말씀인 성경을 읽고 배우기를 힘쓰십시오.

> 디모데후서 3:16-17 16모든 성경은 하나님의 감동으로 된 것으로 교훈과 책망과 바르게 함과 의로 교육하기에 유익하니 17이는 하나님의 사람으로 온전하게 하며 모든 선한 일을 행할 능력을 갖추게 하려 함이라

성경은 기독교인들의 경전입니다. 그 속에는 우리를 교훈하시는 말씀으로 가득합니다. 그러므로 그 말씀을 지속적으로 읽으십시오. 혼자서 읽는 것보다 교회에서 함께 배우는 것이 유익합니다. 이 과정을 마친 후에는 교회에서 제공하는 다음 단계를 수강하면서 교사의 지도를 받으십시오. 동시에 매일성경과 같은 묵상교재를 사용하여 하나님의 말씀을 매일 묵상하십시오.

둘째, 매일 하나님께 기도드리십시오.

> 요한복음 15:7 너희가 내 안에 거하고 내 말이 너희 안에 거하면 무엇이든지 원하는 대로 구하라 그리하면 이루리라

성경은 우리가 기도하면 하나님께서 응답해 주신다고 약속했습니다. 이 약속의 말씀을 믿고 기도해 보십시오. 이 말씀에서 "너희가 내 안에 거하고"와 "내 말이 너희 안에 거하면"은 같은 말입니다. 우리가 주님 안에 거한다는 것은 알기 쉽게 말하면 우리가 하나님의 말씀 안에서 산다는 것, 곧 하나님의 말씀대로 산다는 뜻입니

다. 그러므로 하나님의 말씀의 원리에 따라서 기도하면 하나님께서 들어주십니다. 만약 여러분에게 자녀가 있으시다면 여러분이 자녀와 나누는 대화를 생각해 보십시오. 자녀가 잘못된 것을 구하지만 않는다면 당신은 들어주지 않습니까? 하물며 지극히 선하시며 전능하신 아버지께서 당신의 기도를 들어주지 않으시겠습니까? 그러므로 기도의 응답을 믿고 이제부터 기도의 능력을 체험해 보십시오.

셋째, 교회의 예배에 정기적으로 출석하십시오.

> 로마서 12:1 그러므로 형제들아 내가 하나님의 모든 자비하심으로 너희를 권하노니 너희 몸을 하나님이 기뻐하시는 거룩한 산 제물로 드리라 이는 너희가 드릴 영적 예배니라

예배는 그리스도인이 하나님께 받은 은혜를 감사로 표현하는 것입니다. 위의 말씀은 우리가 개인적으로 드리는 삶의 예배를 강조한 말씀입니다. 우리 삶 자체를 하나님을 향한 산 제사로 드려야 합니다. 그것이 진정한 예배입니다. 이런 개인적인 삶의 예배와 아울러 교회 공동체의 예배도 대단히 중요합니다. 그러므로 정기적으로 교회에 출석하여 공동체적으로 하나님을 예배하는 삶을 사십시오.

넷째, 목장교회에 출석하여 다른 성도들과 교제하며 좋은 관계를 맺으십시오.

> 히브리서 10:24-25 24서로 돌아보아 사랑과 선행을 격려하며 25모이기를 폐하는 어떤 사람들의 습관과 같이 하지 말고 오직 권하여 그 날이 가까움을 볼수록 더욱 그리하자

그리스도인의 삶은 외딴 섬이 아닙니다. 우리는 서로가 권면하고 사랑과 선행을 격려하면서 함께 살아가는 영적인 가족입니다. 그러므로 먼저 믿은 형제나 자매들과 교제하면서 그 분들의 도움을 받으십시오. 당신의 목장 식구들이 이제 막 신앙의 출발을 한 당신을 잘 이끌어 줄 것입니다.

다섯째, 이제 당신이 경험한 것을 주변 사람과 나누십시오.

사도행전 4:20 우리는 보고 들은 것을 말하지 아니할 수 없다 하니

이제 당신이 그리스도를 영접한 후에 경험한 변화를 주변 사람들과 나누십시오. 내가 경험한 것을 나누는 것을 간증이라고 합니다. 또한 내가 믿는 믿음을 다른 사람에게 전하는 것을 복음증거라고 합니다. 이제 당신이 경험한 것을 간증하고 증거하십시오.

멘토와 함께하는
신앙생활의 첫걸음

초판 1쇄 발행 2013년 7월 19일
4쇄 발행 2019년 6월 21일

지은이 안진섭
펴낸이 류수환
편집인 박여미
기획·홍보 김기현
책임디자인 김고운

디자인 및 펴낸 곳 그리심어소시에이츠
주소 대전광역시 서구 둔산북로 121 아너스빌 1801호
전화 042.472.7145
팩스 042.472.7144
www.igrisim.com

NAVER 카페 카페 · 안진섭 검색
http://cafe.naver.com/ajsminister

정가 6,000원
ISBN 978-89-965667-6-2-03230

ⓒ저작자와의 협약 아래 인지는 생략되었습니다.
이 출판물은 저작권법에 의해 보호를 받는 저작물이므로 무단 전재와 무단 복제를 할 수 없습니다.